DE M. NECKER,

ET

DE SON LIVRE

INTITULÉ:

DE LA RÉVOLUTION FRANÇAISE,

Par P. L. Ginguené,

De l'Institut national de France.

Non civium ardor prava jubentium,
Non vultus instantis tyranni
Mente quatit solidâ. Hor.

A PARIS,

Chez le Directeur de l'Imprimerie des Sciences et Arts, rue Thérèse; et chez tous les marchands de Nouveautés.

L'an V. de la République.

AVERTISSEMENT.

CET Ecrit n'est point une réfutation en forme. Il m'aurait fallu pour l'entreprendre, plus d'espace et plus de tems. Ce sont des extraits faits à la hâte, et publiés successivement dans un journal qui jouit de quelqu'estime auprès des amis des lettres et de la liberté (1).

Plusieurs de ces derniers ont pensé que les quatre extraits réunis et imprimés ensemble, pouvaient être de quelqu'utilité: en me rendant à leurs désirs, je me suis borné, dans cette réimpression, à faire disparaître des répétitions, et d'autres taches inaperçues de l'Auteur et des lecteurs dans des morceaux séparés, dont l'un était lu comme il avait été composé, sans qu'on relut, ni ne se rappelât les autres; mais trop choquantes dans une composition et dans une lecture suivies.

Je me suis permis un très-petit nombre

---

(1) La Décade philosophique, littéraire et politique, N°s. 23, 24, 26 et 28 de cette année.

d'additions et de notes, et n'ai rien retranché du premier texte, n'ayant rien trouvé ni dans les opinions ni dans les sentimens, qui puisse m'être reproché au tribunal le plus redoutable pour moi, celui de ma propre conscience.

Sans attacher la moindre importance à ces feuilles, j'ai permis qu'elles portassent mon nom. Dans l'état actuel des choses, on ne doit plus se cacher quand on ne veut que le bien, la justice et la liberté, précisément parce qu'il y a peut-être du danger à le vouloir et à le dire.

Par quelque faibles coups que nous puissions servir la belle cause qu'après huit ans de combats et de victoires nous sommes réduits à défendre encore, chacun de nous, pour sa responsabilité, si ce n'est pour sa gloire, doit marcher la visière haute, et mettre son nom sur ses flèches.

DE M. NECKER,

ET

DE SON LIVRE

INTITULÉ:

DE LA REVOLUTION FRANÇAISE

La Révolution française, qui a tiré du néant plusieurs noms ignorés avant elle, a mis les noms déjà célèbres, à une épreuve dont un petit nombre est sorti avec honneur, mais dans laquelle un plus grand nombre a succombé. Quelques-uns qui avaient d'abord bien soutenu cette épreuve, se sont ensuite démentis : ils avaient commencé par un peu de gloire, ils finissent par beaucoup de honte et de ridicule. En Politique et en Philosophie, comme en Religion, l'on hait et sur-tout l'on méprise moins un hétérodoxe qu'un apostat.

Parmi ces fortunes diverses des noms qui avant la Révolution, et à ses premières époques, étaient connus de la renommée, s'il en reparaît un qui s'était dissimulé depuis long-tems, toutes les idées, tous les sentimens qu'il excitait autrefois se réveillent ; la curiosité publique se précipite, pour ainsi dire, vers l'ouvrage qui le porte : elle veut voir si, dans ce cours d'événemens extraordinaires, l'Auteur est resté le même, ou s'il a changé : dans ce dernier cas, quel est le nouveau parti qu'il embrasse ; dans l'autre, quels sont les nouveaux moyens qu'il emploie pour le triomphe de son parti. Les éditions se succèdent et s'épuisent rapidement, avant qu'on ait jugé l'ouvrage. Le nom suffit pour le débit, même indépendamment du succès.

C'est ce qui est arrivé du nouveau livre de M. Necker ; depuis qu'il a paru, tout le monde en parle : il est chez tous les Libraires, et presque dans toutes les mains : ceux-ci l'achètent pour l'avoir, plutôt que pour le lire ; ceux-là pour le faire acheter, pour le répandre : les uns le louent, les autres le blâment, selon qu'il flatte les passions ou qu'il les blesse : aucun ne l'examine, ni ne le juge encore.

C'est ce jugement que nous voudrions, non pas prononcer nous-mêmes, mais mettre nos lecteurs en état de porter. Nous voudrions reconnaître et leur faire apercevoir le but que l'Auteur se propose, et les moyens dont il se sert pour l'atteindre; leur faire apprécier ce qu'il y a de bon et de vrai, comme ce qu'il y a de mauvais et de faux; mettre enfin dans notre opinion, et dans l'opinion de ceux qui nous lisent, M. Necker à sa véritable place, sans nous laisser imposer par une vieille réputation, mais sans lui manquer d'égards.

Il en résulterait peut-être, en dernière analyse, une nouvelle preuve de ce qu'on semble aujourd'hui trop mettre en oubli; c'est que malgré les efforts combinés et quelquefois heureux qu'opposent à la Vérité d'anciennes erreurs, il reste toujours sur celles-ci un grand avantage à la première, par cela seul que ce sont des erreurs et qu'elle est la Vérité.

L'Ouvrage est typographiquement divisé en quatre parties, formant chacune un volume; il ne l'est philosophiquement et réellement qu'en deux parties, l'une historique et oratoire, l'autre systématique. Dans l'une, l'Auteur raconte et peint à sa manière, la Révolution française ; dans l'autre, il analy d'abord la Constitution de l'an III, puis Constitution anglaise, ensuite celle des Eta Unis d'Amérique; et de ces trois Constitutio ce n'est pas à la première qu'il donne préférence : le tout est terminé par des flexions philosophiques *sur* l'égalité, ou plu *contre* l'égalité.

Il y a, entre ces diverses parties, ordr enchaînement, système. Pour bien exami un tel ouvrage, sur-tout pour réfuter ce q nous paraît renfermer de contraire à la véri à la bonne politique, à la saine raison, il f drait un volume, et nous devons nous borne un extrait, ou tout au plus à quelques extra Nous tâcherons d'y rétablir quelques faits quelques principes : nous dirons le bien a plaisir, le mal par devoir, l'un et l'autre a impartialité.

Ce qu'il y a de meilleur dans ce livre, plus digne de la réputation de son Aute ce sont les premières sections où il raco l'origine de la Révolution, où il expose causes les plus prochaines, et analyse ses crets ressorts, ceux du moins qu'il nous jusqu'à présent permis de connaître. Il y apercevoir, mieux peut-être qu'on ne l'a fait encore, dans les événemens politiques d'alors, l'intervention d'un nouveau mobile, d'une nouvelle puissance, l'Opinion publique. L'accélération de ce mobile et l'accumulation de diverses causes, pendant l'intervalle qui s'écoula entre son premier et son second ministère, y sont décrites avec la sagacité d'un homme d'Etat, et le style d'un écrivain supérieur.

Il veut que, depuis son rappel, on ne lui attribue, sur les événemens qui ont suivi, qu'une influence collective avec les autres ministres du Roi : est-ce par modestie ? est-ce par politique ? Quoiqu'il en soit, il se sert d'une image neuve et ingénieuse, pour représenter sa situation à l'approche de ces événemens. Après avoir rappelé que, sans aucun secours, il soutint les paiemens pendant deux années ; qu'avec des précautions inouies, il sauva Paris et la France des horreurs de la famine, je crois, ajoute-t-il, avoir fait davantage encore pour garantir la France des malheurs politiques dont elle était menacée; mais je n'ai pu obtenir en ce point une justice universelle. Trop de gens ont eu besoin de se servir de moi pour voiler leurs fautes;

« et la foule des spectateurs, en me regardar de la plaine, a dû me voir sans cesse autou d'un char, qui descendait, roulait avec v tesse du haut d'un mont élevé; et elle a p croire que je le poussais, que j'accèlérais d moins son mouvement, tandis qu'au contrair je retenais les roues de toutes mes forces, j'appelais continuellement au secours. »

Il répond très-bien au reproche qui lui e fait par un parti, que l'on devine facilemen de n'avoir pas détourné le Monarque des Etat Généraux : il prouve qu'il n'était plus tem qu'ils étaient trop solemnellement promis, tr impatiemment attendus, que tout d'ailleu les rendait nécessaires : il avoue enfin qu avait partagé les vœux et les espérances q formaient alors tous les bons Français, to les amis de l'humanité, pour une modific tion du Gouvernement, qui en fît disparaît tout ce qu'il avait d'arbitraire, de despotiqu d'absurde, et qui, par une répartition pl égale des impôts, diminuât le fardeau qui éc sait le peuple.

La prospérité dont avait joui la France lui en imposait pas. Il en attribue une gran partie aux bienfaits de la Nature dans u contrée que le Ciel a favorisée de tant de n nières. Tant que cette prospérité avait duré sans trouble, on s'était peu occupé de la nature du Gouvernement; mais les malheurs publics, le désordre de l'Administration, celui des Finances, combinés avec le progrès des lumières, avaient ouvert les yeux, et les avaient fixés sur des vices trop aisés à saisir. Enfin, personne n'a encore mieux prouvé peut-être combien une révolution était nécessaire, combien elle était inévitable.

Ce n'est pas avec moins de justesse qu'il expose et justifie les opérations du Conseil du Roi, c'est-à-dire, les siennes, au commencement de cette Révolution; l'impossibilité d'admettre dans les Etats-Généraux, les formes de 1614; la seconde convocation des Notables, et dans cette convocation la preuve que jamais il ne fut animé, comme ses ennemis (et quels ennemis ?) l'en accusent, d'*un profond esprit de démocratie*; enfin, le fameux Résultat du Conseil, qui donna au Tiers-Etat un nombre de Députés égal à celui des deux premiers ordres réunis. Il redouble ici de logique pour nous convaincre que ce résultat, qui au reste, dit-il, ne lui appartenait pas exclusivement, mais seulement le rapport qui le précède, était aussi invin-

ciblement nécessité par les circonstances, qu
la convocation même des Etats - Généraux
Ceci indique assez, et n'indique pas seul
devant qui M. Necker se justifie, et quel
sont les juges qu'il veut persuader.

Que le Tiers - Etat ne fût plus en 1789 c
qu'il était en 1614, ni le Clergé, ni la No
blesse, ni l'Autorité royale; c'est encore c
qu'il prouve et analyse avec beaucoup de raiso
et de finesse. Il discute de même la fameus
question de la réunion des trois Ordres. C'éta
par les Ordres privilégiés que cette réunio
devait être offerte. Ils y auraient pu mettr
des restrictions, conservatrices de ce qu'ils au
raient voulu garder de priviléges honorifiques
et ce sacrifice et celui de tout ce qui éta
pécuniaire dans leurs distinctions, eût pré
venu tout ce qui est arrivé depuis. — Cel
est possible; mais raison et ordre à privilége
sont tellement inalliables, que si c'était à re
commencer, nous verrions peut-être encore le
mêmes folies et le même entêtement.

Dans l'embarras qui résultait de l'obstina
tion de la Noblesse et du Clergé à ne s
point réunir avec le Tiers - Etat, M. Neck
soutient qu'il était nécessaire que le Roi inter
vînt, ne fût-ce que pour empêcher le triomph

de ce dernier Ordre, que l'opinion publique annonçait de plus en plus. Delà cette Séance royale dont il avoue qu'il conçut l'idée, et traça le plan. Il rédigea même le projet de déclaration ; mais ce projet, quoique adopté par le Roi, en plein Conseil, fut changé et altéré dans plusieurs points essentiels, au moment de l'exécution, par le parti qui contrecarrait alors obstinément le Ministre ; et ce qui fut prononcé le 23 Juin ne ressemblait plus à ce qu'il avait conçu. Le travail des nouveaux rédacteurs formait avec le sien des contradictions qu'il relève. Tout ce qu'il dit sur les moyens qui furent employés par la plus vile intrigue, pour faire subitement changer les résolutions flottantes du Monarque, est curieux et rempli de détails et de faits que l'histoire ne doit pas laisser échapper, quoique lui-même semble les avoir oubliés dans d'autres parties de son ouvrage.

Il réfute victorieusement ceux qui, pour contrarier ses opérations, alléguaient l'ancienne Constitution française ; il prouve que cette Constitution tant citée était un mot vide de sens ; qu'à remonter jusqu'au berceau de la Monarchie, et en suivant l'ordre des tems et des époques historiques, il n'y avait jamais eu en France un état de choses stable, constant, uniforme, que l'on pût nommer une Constitution; que ce qu'on appelait abusivement de ce nom était même complètement oublié depuis plus de deux siècles; que les changemens survenus dans les hommes et dans les choses en auraient rendu la renaissance une véritable innovation: et de toutes les innovations la p us extravagante et la moins praticable.

Parvenu à la Révolution du 14 Juillet, il ne cherche point à pallier les fautes de la Cour, mais il fixe à cette époque celle où cessent les torts des deux premiers Ordres, et où tous les torts sont dans la conduite des Communes. Jusqu'au 14 Juillet, ils avaient été dans le parti du Roi, c'est ce qu'il n'a pas de peine à prouver; mais ensuite lorsqu'il reproche au Tiers-Etat de n'avoir pas usé avec modération de sa victoire, de n'avoir pas su employer sa toute-puissance, et l'anéantissement du parti des privilégiés, pour établir une Constitution fondée sur les lois immuables de la raison et de la sagesse, est-il véritablement de bonne-foi?

N'est-il pas plus que douteux qu'après et depuis le 14 Juillet, le triomphe du parti populaire et l'abaissement de la Cour eussent rendu les ex-privilégiés assez sages pour ne plus opposer aux idées les plus raisonnables une résistance insensée ? Ne serait-il pas facile de se rappeler, ou, à défaut de mémoire, de retrouver dans les journaux du tems, de nombreux exemples d'une violence et d'une opiniâtreté qui ne fesaient que provoquer de plus en plus la chaleur, et, si l'on veut, l'emportement de leurs adversaires? La Bastille était renversée, la Cour était vaincue, ses troupes dispersées, mises en fuite ; mais les champions qui lui restaient dans l'assemblée, les Mauri, les Cazalès, les Mirabeau jeune, les Montlozier et tant d'autres, cessaient-ils un instant de guerroyer? Laissaient-ils aux patriotes la liberté de poser les armes ? Ne forçaient-ils pas d'enlever, pour ainsi dire, à la bayonnette et au pas de charge, chaque vérité, chaque réforme ou chaque innovation utile ? Regarder comme paisible, reconnue et non contestée, la supériorité des Communes depuis le 14 Juillet, c'est montrer, à ce qu'il nous semble, ou peu de clairvoyance, ou peu de sincérité.

Il y a plus de l'une et de l'autre dans ce que dit l'Auteur de l'influence qu'eurent différens partis sur les journées des 5 ou 6 octobre. Les deux partis dominans avaient pour chefs deux hommes diversement célèbres, ou, si l'o veut rétablir une antique nuance entre d mots que nous avons tort de rendre syn nimes, l'un *célèbre* et l'autre *fameux* Lafayette et d'Orléans : le premier, q s'est perdu depuis dans les fils brouill d'une intrigue que ses malheurs ont fa oublier, voulait attirer le Roi à Paris pou influencer directement et habituellement se décisions et sa conduite : le parti qui avait pr pour bannière le nom du second, plutôt qu' ne l'avait pris lui-même pour chef, et qui après l'avoir avili, et, ce qui était plus difficil ruiné, a réglé avec lui ses comptes en l fesant couper la tête, voulait que le Roi s'élo gnât, pour que ce prête-nom, déclaré d'alor Lieutenant-général du royaume, courut ensuit toutes les chances que pourraient amener le événemens. Les hommes du Monarque, selo l'expression de M. Necker qui était un de ce hommes, lui prouvèrent que la fuite était auss impraticable qu'impolitique; ils lui rappellèren à propos cette maxime : évitez de faire ce qu vos ennemis désirent. Il vint à Paris. L'Assem blée crut le dominer, mais elle fut elle-mêm bien plus réellement dominée par les tribunes et bientôt par les Jacobins.

Plu

Plus de vingt mois s'écoulèrent ensuite dans un calme apparent, mais dans un jeu d'intrigues très-actives, dont on est surpris de ne pas trouver ici le plus léger indice. L'auteur franchit tout-à-coup les espaces, et saute preque immédiatement du 6 octobre à la fin des travaux de l'Assemblée constituante. N'a-t-il point voulu cacher dans ce silence général celui qu'il garde à dessein sur l'événement auquel aboutirent toutes ces intrigues ? Est-il naturel qu'un homme qui écrit sur la Révolution française et qui en a été témoin, ne dise pas un mot de ce qui donna tout-à-coup un nouveau cours aux choses, de cette faute solemnelle du Roi qui frappa de mort la Royauté ? Non, cela ne serait pas naturel dans un Historien véridique, dans un Philosophe impartial; mais avec le but que M. Necker s'est proposé dans son ouvrage, cette omission était de droit : elle était même de devoir.

Comment en effet remplir cet immense intervalle, sans y faire entrer les efforts de la Cour, c'est-à-dire du Roi, pour corrompre le parti populaire; ses succès auprès de Mirabeau, auprès de Lafayette; le concert établi entre ces deux hommes long-tems ennemis, et alors même qu'ils vendaient la cause du peuple, rivaux en popularité; sans faire voir, après la mort de Mirabeau, les nœuds de son intrigue, repris et resserrés par une faction toute entière d'hommes qui jusqu'alors s'étaient montrés indépendans, satisfaits d'humilier la Cour en agitant le peuple, de se rendre assez maîtres de l'un pour se faire acheter chèrement par l'autre, et qui, pour servir cette Cour qu'ils haïssaient autant qu'ils en étaient haïs, succédèrent à Mirabeau, leur irréconciliable ennemi, dans son association avec Lafayette leur ennemi, en apparence, plus irréconciliable encore ?

Comment dissimuler ces essais de fuite tentés à plusieurs reprises et sous différens prétextes, ces protestations royales de dévouement à la Constitution, plus fréquentes et plus solemnelles à mesure que le projet de s'évader pour la détruire était plus fermement arrêté; enfin, cette Lettre circulaire adressée par le Roi à ses Ministres dans les Cours étrangères, chef-d'œuvre de tartufferie monarchique, qui précéda de peu de jours la désertion du Monarque, imposture lâche et gratuite par laquelle, en protestant de son amour pour la vérité et pour la liberté, déjà fugitif dans le cœur, il conspirait également contre l'une et contre l'autre.

Comment pallier tous ces faits si notoires? Mais aussi comment les avouer sans détruire tout cet échafaudage d'admiration pour l'innocence, la candeur, la vertu sans tache, la moralité parfaite d'un Roi, cruellement et impolitiquement sans doute, mais non pas injustement puni, dont l'éternel panégyrique et peut-être la béatification entrent dans le plan général contre cette grande cause qu'il trahissait sans cesse en jurant de la servir?

Le pas était trop dangereux, le terrain trop glissant: ne s'y pas engager était peut-être le seul moyen de n'y pas broncher; mais l'impartiale équité, juge incorruptible, quoique tant de passions et d'intérêts s'occupent de le corrompre, appréciera ce moyen; et nous le disons à regret, ce ne sera point à la gloire de celui qui l'emploie: elle lui reprochera même d'avoir, dans une partie précédente de son livre, implicitement approuvé ce trait mémorable de perfidie, lorsque rappelant les raisons qui empêchèrent le Roi de partir au 5 octobre, il ajoute: « que l'époque dont le Monarque fit choix en 1791 était de beaucoup préférable; qu'en effet il s'était donné le tems nécessaire pour arranger sa marche et pour se concerter avec un Commandant de Province à sa dévotion; et qu'en cachant ses vues, en tenant son départ secret, comme il le pouvait alors, il s'était assuré de douze heures d'avance. »

Il en parle encore dans la suite, mais transitoirement et pour louer l'Assemblée constituante du courage qu'elle eût alors de résister *à une faction* « qui voulut abuser de la situation du Monarque et du mouvement public, pour mettre en jugement ce Prince malheureux et pour renverser en même tems le Trône et la Royauté. Les hommes, ajoute-t-il, les plus remarqués jusques-là dans le parti populaire, se signalèrent en cette occasion; et ils réunirent dans leurs discours, dignes d'être relus, des sentimens généreux à de grandes vues. »

Ainsi, lorsqu'on s'est fait un système, autre que celui de la simple vérité, on effleure ce qu'il y a de profond dans les circonstances qui le contrarient, tandis que dans les faits qui le secondent, on fouille jusqu'aux replis des intentions les plus secrètes. Cette faction, nous nous le rappelons tous, qui voulut, après le retour de Varennes, délivrer la France d'un Roi coupable et de la Royauté, que sa fuite même et la suspension qui la suivit avaient au moins convaincue d'inutilité, cette faction prétendue n'était autre que la grande majorité de l'Assemblée, d'accord avec la grande majorité de la Nation.

Ce fut une faction véritable, la même qui avait conçu et exécuté le projet du départ du Roi, que son arrestation imprévue avait déconcertée un instant, ce fut elle qui osa entreprendre d'exécuter à Paris, après le honteux éclat de son retour, le même plan qui avait dû être suivi à la frontière. Le peuple fut terrifié par le massacre froidement médité du Champ-de-Mars; l'Assemblée, cernée au dehors par une force armée et des canons, fut domptée au dedans par une éloquence achetée, qui tourna au profit de la Cour le crédit qu'elle s'était auparavant acquis à la combattre; et de cette révision audacieuse sortirent, avec le monstre de la Constitution de 1791, tous les orages politiques, dès lors prévus par les esprits un peu pénétrans, résultats nécessaires du froissement des élémens hétérogènes qu'elle renfermait dans son sein.

Disons, puisque l'occasion s'en présente, qu'il est d'autant plus nécessaire de nous rappeler aujourd'hui tous ces faits, que trop de gens paraissent compter sur notre oubli. Toute considération doit ici plier sous la loi de défendre la République contre les ennemis astucieux qui l'attaquent. M. Lafayette a, sans contredit, rendu dans l'origine de grands services à la liberté : ses malheurs ne sont en aucune proportion avec ses fautes : l'Autriche a tiré de lui d'exécrables vengeances, exigées par l'or des Anglais, et à jamais déshonorantes pour elle ; et la générosité républicaine a dû, dès les premiers préliminaires de la paix, émettre le vœu de briser ses fers. Mrs. Lameth et leurs amis, ont aussi, dans les commencemens, et bien plus long-tems que Lafayette, servi la cause populaire : ils ont contribué à jeter de bonne heure dans la Monarchie le germe et le ferment de la République ; mais il faut d'autant moins oublier les peines qu'ils se donnèrent à la fin de l'Assemblée constituante pour l'affermissement du Trône, et pour l'extension du pouvoir et des prérogatives royales, que l'on a essayé récemment de nous les peindre comme les plus irrémissiblement en butte à la vengeance des Rois.

Après la restauration de la Couronne, nous a-t-on dit dans des dépositions sur cette conspiration royale si bien prouvée, et pourtant encore impunie, on pardonnera aux exagérés de 1793 (qui n'ont en effet eu d'autres torts avec la Couronne que de l'abattre, et de tuer juridiquement ou injuridiquement celui qui la portait); mais on garde une haine à mort et des punitions exemplaires pour ces horribles Constituans (qui commirent contre la Royauté, le crime impardonnable de relever le Trône, et d'y replacer le Roi.) Mrs. Lameth et leurs amis seront poursuivis à outrance. M. de Lafayette sera conduit en France dans une cage de fer, ce qui apparemment est fort en usage parmi les peuples policés de l'Europe; et toutes les Cours enverront des ambassadeurs à Paris pour assister à son supplice, autre usage sans doute généralement reçu en pareil cas (1).

(1) De deux choses l'une : ou c'est un véritable roman que cette haine irréconciliable du parti des Rois contre l'infortuné Lafayette, et ceux qui firent et soutinrent avec lui l'entreprise de la révision; ou c'est une terrible leçon pour ceux qui, après avoir rendu quelques services au parti de la liberté, se rangent aujourd'hui, mais trop tard, soit ouvertement, soit en secret, du côté des Rois. Instrumens odieux et vils, méprisés de ceux mêmes qui les emploient, ils seraient brisés sans pitié dès qu'ils auraient fait leur service. L'éclat et l'intérêt qui environnaient Lafayette ne l'ont point sauvé : leur bassesse même ne les sauverait pas.

Mais laissons-là ces simplicités royalistes : contentons-nous de ne pas perdre la mémoire de certains faits, et revenons à l'ouvrage où l'on a évité à dessein de les retracer au souvenir, comme s'ils pouvaient jamais en être effacés.

L'Auteur reproche avec amertume et dérision à l'Assemblée constituante sa mauvaise organisation d'un Pouvoir exécutif monarchique enté sur une Constitution démocratique. Il l'accuse de cinq fautes *à jamais mémorables.* Nous avons parlé de la plus grave, dont il ne l'accuse pas : ce fut l'entreprise de redonner de la réalité à un être fantastique, qui avait prouvé lui-même en s'éclipsant qu'il n'était qu'un fantôme ; de rattacher l'idée de la force à un homme qui n'avait d'excuse que sa faiblesse, de la confiance à un parjure, de la dignité à un fuyard.

« La plus inconcevable des pensées, dit M. Necker, fut de supposer qu'un Trône pût subsister battu par tous les flots de l'égalité ; c'est d'avoir imaginé qu'il pût rester debout au milieu des débris de tous les rangs et après le renversement, après une destruction absolue des idées et des habitudes de respect... Le jour, dit-il ailleurs, où l'Assemblée nationale, en détruisant tous les rangs, abolit jusqu'aux plus légers signes d'une gradation d'états, le jour où par cette proscription solemnelle, elle consacra le principe de l'égalité et le rendit usuel et familier, ce jour, elle sappa sans y penser les fondemens de la frêle Royauté qu'elle avait élevée jusqu'alors. »

Nous voyions bien qu'il y avait une correspondance nécessaire du 21 juin 1791 au 10 août 1792; c'est-à-dire, de l'abandon du Trône à sa chûte, et de la désertion du Roi à sa déchéance. M. Necker nous apprend qu'il faut remonter jusqu'en juin 1790, au décret d'abolition des rangs, des titres et de tous les autres hochets nobiliaires : à la bonne heure; mais qu'en résulte-t-il? Que la coalition des reviseurs fit non-seulement une action criminelle, mais une œuvre absurde; que rien n'est arrivé depuis qui ne fût dans l'ordre nécessaire des choses; que le Trône est tombé parce qu'il ne pouvait rester debout; qu'il ne peut être rétabli, puisque tout ce qui l'entourait et l'étayait ne peut renaître; qu'enfin il ne pourrait se relever que pour retomber encore.

C'est une très-belle chose que ce Gouvernement monarchique; et l'on peut dire que notre Auteur le voit dans toute sa beauté idéale, qui est en effet tout ce qu'il a de réel : il se complaît dans ces définitions mystiques ; il spiritualise en quelque sorte l'être appelé Roi, met la Couronne parmi les astres, et assied le Trône sur des nuages. Tantôt il dit que *la Majesté royale est une idée singulière*, *une idée composée et dont il faut entretenir la magie par tous les usages qui établissent une distance entre les Rois et leurs sujets ;* tantôt que *philosophiquement et réellement la grande utilité d'un Roi dérive de son empire sur l'imagination* : ailleurs il demande *par quel motif une Nation trouverait de la convenance à l'élévation d'un chef suprême, si elle ne voulait pas s'aider de la grandeur de cet être politique, de son éclat extérieur, de son empire sur l'opinion et sur l'imagination même, pour établir une autorité morale, propre à faciliter l'action du Gouvernement*, etc. ? Il ne conçoit pas qu'un Roi puisse être utile sans toute cette féerie ; et parmi les fautes *à jamais mémorables* qu'il reproche à l'Assemblée constituante, il n'oublie pas celle d'avoir voulu un Roi, *et d'avoir constamment perdu de vue les propriétés élémentaires qui devaient servir à constituer cet être singulier, qui devaient servir à rendre utiles ses fonctions dans l'ordre social.*

Enfin, ravi de toutes ces belles conceptions, et plein de mépris pour tous ceux qui ne partagent pas son ravissement, il leur adresse, par apostrophe, un conseil que nous avouons, en toute humilité, être fort disposés à suivre pour notre propre compte. « Vous donc qui n'auriez pas assez d'esprit pour apercevoir qu'un Monarque est un être singulier, utile même essentiellement par cette propriété, et par toute la majesté qui en résulte, n'en désirez, n'en acceptez jamais un. »

Dans une section toute entière consacrée à sa propre défense, il argumente une dernière fois, mais à fond et avec les ressources de toute sa dialectique, contre les hommes *d'un même parti* qui mettent tant d'obstination dans leurs injustices à son égard : il prend par ordre leurs accusations. -- « Il a toujours eu l'esprit systématique ; il a vécu dans la société des philosophes de notre tems, et il a dû prendre à leur école ces idées nouvelles qui ont fait tant de mal : né républicain, il haïssait les Rois et leur autorité ; né Protestant, il a toujours eu pour vœu secret de perdre le Clergé et de discréditer la Religion catholique ; né simple citoyen d'un petit coin du monde, il a été jaloux des distinctions introduites dans les pays monarchiques, et il aurait voulu pouvoir les anéantir; enfin, ambitieux sans mesure, c'est par la popularité qu'il a cherché à s'élever, et il a tout sacrifié pour l'obtenir et pour la conserver. Ainsi, ses opinions, ses préjugés, son caractère, voilà les premiers mots de la Révolution française. » — Sur la plûpart de ces imputations, il nous paraît se justifier complètement : sur quelques-unes, il n'en avait pas besoin; et les yeux les plus prévenus, même dans ce parti qu'il désigne, pouvaient difficilement, à certains égards, le trouver aussi coupable qu'il paraît le craindre.

Il attaque à son tour avec quelque avantage, lorsqu'il reproche au Gouvernement français de s'être vengé de son intervention dans la cause de Louis XVI, en s'emparant de la plus grande partie de sa fortune, du fruit de quarante ans de travaux et d'économies ; en saisissant son bien, ses maisons, ses rentes viagères, son dépôt de deux millions au trésor public; pour prix de sept années de services, sans appointemens, sans aucunes rétributions, pour prix de ses travaux heureux et de ses efforts pendant ses deux ministères; pour prix de son dévouement et du sentiment de confiance qui avait dicté son retour, etc.

Il serait en effet difficile de justifier ces procédés, aussi ne l'entreprendrons-nous pas; mais nous demanderons si, d'après de telles circonstances, particulières entre lui et le Gouvernement républicain, M. Necker peut être regardé, s'il peut se regarder lui-même, comme un bon juge et un juste appréciateur de la République. Dans les événemens qui nous y ont immédiatement conduits, dans les troubles qui l'ont agitée, dans les crimes qui l'ont noircie, dans les beaux traits qui l'ont honorée, dans la Constitution qui l'a organisée et affermie sur sa base, peut-il se flatter de voir ce qui est, et non ce que son ressentiment et son intérêt blessé lui font voir?

Une autre raison pourrait encore lui rendre suspects ses propres jugemens; c'est son éloignement du lieu de la scène. Dans la première partie de son ouvrage, il a, en général, bien vu les hommes et les faits, parce qu'il était sur le théâtre même, et que principalement occupé de mettre à couvert les intérêts de son amour-propre, il trouvait, soit dans l'exposé de ce qui était déjà connu, soit dans la révélation de quelques particularités encore ignorées, les moyens de remplir ce but. Mais plus avant dans la Révolution, éloigné du foyer des agitations révolutionnaires, écrivant pour ainsi dire sous la dictée de ses préventions, où d'après les inspirations plus suspectes encore des émigrés qui affluaient alors dans le pays voisin de sa retraite, ou enfin d'après des journaux infidelles, comment croirait il avoir vu avec la même justesse, avec la même infaillibilité? Que M. Necker se suppose retiré à Copet ou à Lausane, dès l'origine de la Révolution, et qu'il nous dise s'il eût pu décrire comme il l'a fait les intrigues de Versailles et de Marly avant le 23 juin, et toutes ces fautes de la Cour, qui amenèrent, au 14 Juillet, l'insurrection générale du peuple.

Cependant il demêle fort bien dans les commencemens de l'Assemblée législative, les intentions du parti républicain, et le dessein de renverser le Trône dans le soin continuel que l'on prenait de l'avilir. Mais par une suite du silence qu'il a précédemment gardé, il évite aussi de parler de ce qui avait rendu cette lutte presque inévitable; du péril où les amis de la liberté crurent qu'elle était exposée entre les mains d'un Roi, capable une fois de la trahir; des craintes légitimes que leur inspira le pouvoir et l'influence dont l'avait investi la Constitution révisée : influence et pouvoir qui n'auraient eu rien d'excessif ni peut-être même de suffisant dans un chef électif, temporaire, soit unique, soit collectif, créé par la Révolution et par la Constitution mêmes, mais qui n'étaient pas à beaucoup près de même nature, confiés au prétendu Représentant héréditaire de la Nation, au descendant de tant de Rois absolus, né absolu comme eux, qui n'avait pu regarder l'entreprise de *tempérer* la Monarchie que comme une conspiration pour la détruire ; qui n'avait jamais rien cédé qu'à la force et à la nécessité des circonstances, et qui avait prouvé récemment que ce qu'il leur avait ainsi cédé, il était résolu à profiter de tout pour le reprendre.

C'est pendant la session de cette Assemblée que se forma la coalition des cours de l'Europe, *alarmées*, nous dit M. Necker, *des principes français, et qui se réunissaient pour surveiller leur explosion!* Comment un homme tel que lui descend-il, à l'époque où nous sommes, jusqu'à employer ces petits subterfuges qui n'en imposèrent, même au tems dont il parle, qu'à ceux qui avaient des yeux pour ne point voir ? Ce fut bien en effet de principes et d'explosion de principes, qu'il fut question à Pilnitz ! Le moment des révélations complètes n'est pas encore arrivé sans doute; mais le cours des années, et des événemens, n'a-t-il pas trop déchiré le voile qui couvrit cette œuvre de ténèbres pour qu'il soit encore permis à un homme qui se respecte, et qui veut qu'on le respecte, de parler comme si ce voile était toujours entier et impénétrable ?

Il est aisé sans doute de peindre les opérations de l'Assemblée législative, et les scènes révolutionnaires qui en signalèrent la fin, sous des couleurs très-défavorables au parti patriote, et très-avantageuses à la faction des Rois. D'autres plumes ont, dans la description des journées du 20 Juin et du 10 Août, intéressé pour Louis et pour sa famille. Au lieu d'un Roi conspirateur, ligué avec les puissances ennemies pour détruire la Constitution qu'il a juré de défendre, les attirant au cœur de la France, attendant d'elles sa délivrance dans ce palais où il aime à paraître captif; quand on représente un bon père, un époux tendre, entouré de sa femme et de ses enfans, qui partageant ses périls ne tremblent que pour lui, tandis que dans ses propres dangers, leurs dangers sont les seuls qui l'occupent; certes, pour exciter l'intérêt, il ne faut pas de sublimes talens ni de grands efforts d'éloquence. Mais était-ce donc

à

à M. Necker à se ranger parmi les écrivains de cette espèce, à se servir de leurs ressources, à revêtir les lambeaux de leur réthorique usée? Devait-il préférer à l'intérêt de sa réputation et de sa gloire, celui d'une cause décriée, impossible à défendre autrement qu'avec l'arme doublement suspecte de l'exagération et des réticences?

On se met fort à l'aise, il est vrai, pour prouver que Louis ne fut pas l'agresseur dans la journée du 10 Août, qu'il ne fut point l'assassin prémédité du peuple, qu'il n'avait rien tramé contre lui; qu'au contraire c'était contre Louis qu'étaient profondément et gratuitement ourdies les plus odieuses trames, quand, entr'autres preuves de même nature et de même force, on se contente de rappeler, comme le fait M. Necker, que depuis lors, et dans diverses occasions, Barbaroux, Guadet et plusieurs autres députés républicains, se vantèrent publiquement « d'avoir conspiré au 10 Août pour renverser le Trône, de s'être rassemblés dans ce dessein à Charenton et ailleurs, de tenir à honneur et à gloire d'être, pour cette noble entreprise, appelés conspirateurs. »

Et qu'importe que le peuple et l'Assemblée elle-même aient cru « que les mille à douze cents hommes armés, renfermés dans le châ-teau des Tuileries, devaient égorger tous les habitans de Paris, et que l'insurrection contre le Château n'avait été concertée *que pour déjouer ce terrible projet!* » La véritable question est-elle de savoir si le Château se hérissait au dehors de grilles de fer, se remplissait au dedans d'armes et de satellites, parce qu'il se préparait une insurrection, ou si une insurrection se préparait parce qu'on voyait le Château se hérisser de grilles, et qu'on le savait rempli de satellites armés? Ne se tramait-il donc point en Europe d'autres projets plus vastes et plus terribles, qu'il fut plus important, plus urgent de déconcerter?

La Prusse et l'Autriche (on ne daigne pas parler des émigrés) étaient elles ou non armées contre la France? avaient-elles ou non menacé, insulté notre territoire? Le peu de troupes qu'on feignait de leur opposer avaient-elles en général pour officiers et même pour soldats de ligne, des amis ou des ennemis de la Révolution? Le Roi à qui, dans de si grands dangers, de si grands intérêts étaient remis, par la mollesse de ses mesures, par l'insignifiance de ses réponses, par l'inactivité de ses préparatifs, ne se montrait-il pas évidemment, au défaut de toute autre preuve, d'accord avec les Rois coalisés pour sa cause? Au lieu de cette conduite ambiguë, inerte et cauteleuse, quelle eût été, en de telles circonstances, celle du Chef de toutes les forces d'un grand Etat, d'une Nation puissante et guerrière, sil eût été sincère et fidelle à ses engagemens?

Supposons, d'une autre part, qu'on n'eût rien osé de pareil à cet heureux et nécessaire attentat du 10 Août: on eût, avec toute sécurité, laissé régner Louis dans son palais; on l'y eût entouré de respect et de confiance; et se reposant sur les soins que la Constitution lui imposait, on ne l'eût point troublé dans le rôle immobile et muet, dans l'attitude nonchalante qu'il s'obstinait à garder en face de l'Europe armée contre nous et pour lui. Quelles eussent été les suites infaillibles de cette conduite?

Tandis qu'au Nord on amusait la valeur nationale avec une guerre d'escarmouches, quel obstacle eussent trouvé, au centre de nos frontières, le Prince de Brunswick et le Roi de Prusse en personne, qui s'avançaient précédés de proclamations menaçantes, à la tête de ces vieilles, nombreuses et jusqu'alors invincibles phalanges prussiennes, pour qui leurs propres exploits, leur tactique savante et leur nom même étaient autant de moyens de terreur et de gages de victoire? Qui les eût arrêtées dans leur marche? Et si elles se débordaient une fois sur notre terre, si elles pénétraient jusqu'à la ville centrale, que devenait la liberté, que devenait la France ?

C'est là ce que se demandèrent des ames fortes et généreuses : pour sauver la Révolution, la Patrie, elles se liguèrent, et il le fallut bien, avec des têtes ardentes, qui s'entourèrent à leur tour de ces hommes populaires, inhabiles à concevoir, prompts à exécuter, qui disposent du peuple, et le font, à volonté, sans examen, agir et se précipiter dans leur sens. Sont-ils tous, pour cette action, dignes de louange ou de blâme? C'est ce que l'Histoire, que M. Necker invoque souvent contre eux, jugera. Mais son regard perçant saura pénétrer les surfaces et creuser les profondeurs. Dans sa recherche active et impartiale, elle examinera ce que Louis eût pu et dû faire pour prévenir ou pour dissoudre la coalition des Rois ; ce qu'il fit de préparatifs et d'efforts pour repousser leurs armées; la conduite qu'il eût tenue s'il n'eût pas été leur complice ; ce qui fût arrivé de la France sans la révolution du 10 Août; enfin, ce qu'au lieu de cette révolution, il restait alors à faire aux amis de la liberté.

Ah! sans doute, ceux qui le sont en même

tems de l'humanité, de l'ordre et de la paix publique, et ce sont là les vrais amis de la liberté, auraient voté de toute leur ame pour des moyens moins violens. Ils furent dès-lors épouvantés des suites que pouvait avoir cette détonation terrible qui venait d'ébranler tout le corps politique. Et combien fut au-delà de leurs craintes ce qu'ils furent bientôt condamnés à voir! Quels mots éternellement horribles à prononcer que ces simples mots : 2 *septembre*! De quels souvenirs, de quelles images ils ensanglantent la pensée! Ici, loin d'accuser d'exagération notre Auteur, il y a presque à lui reprocher de la froideur et une indignation trop modérée. Oh ! s'il se fut alors trouvé présent dans nos murs, renfermé entre nos barrières, si pendant quatre jours entiers il eût eu à frémir du retentissement des massacres, et sur-tout si, né Français, et animé du plus pur amour pour la liberté de sa patrie, il eût vu dans cette plaie cruelle faite à l'humanité, la souillure ineffaçable dont des monstres s'acharnaient à couvrir l'objet de ses adorations, n'en doutons point, il aurait trouvé dans son ame sensible d'autres mouvemens et dans son talent descriptif d'autres couleurs.

Mais alors même, il lui eût fallu pour être

juste, ne pas représenter ces horreurs comme l'effet d'un plan conçu, exécuté de sang-froid, au milieu d'un peuple indifférent et distrait, impassible à l'effusion du sang et déjà familier avec tous les crimes : il eût dû ne pas dissimuler quelles circonstances accompagnaient, excitaient, exasperaient ces sanglantes convulsions. L'approche d'un ennemi formidable, la trahison de deux villes, qui ne présageait que trahisons dans le petit nombre de places capables d'arrêter les vainqueurs, et sur-tout dans la grande Cité vers laquelle ils s'avançaient, le peu de chemin qui leur restait à parcourir, cette proclamation solemnelle du danger de la patrie, ce canon d'alarme, cette chaleur brûlante qui exaltait et fesait fermenter encore tous ces élémens de fureur et de terreur... Périsse l'écrivain coupable qui trouverait dans tous ces motifs réunis la plus légère excuse pour les auteurs, quels qu'ils soient, et pour les machinateurs de ces exécrables atrocités, dont l'impunité est un scandale, et, nous l'osons même dire, un crime! Mais enfin, tout homme impartial, et celui qui se fait juge s'impose le devoir de l'être, doit ne rien écarter dans le récit d'un fait, de ce qui le modifie, l'atténue ou l'aggrave; et tant de circonstances qui servent à expliquer, non pas comment ces assassinats prolongés furent conçus, mais comment ils furent soufferts, devaient nécessairement entrer dans le tableau de cette époque honteuse et à jamais déplorable de notre histoire.

En passant avec M. Necker de l'Assemblée législative à la Convention nationale, le premier objet qui nous frappe, est le jugement et la mort de Louis XVI. Nous n'ignorons pas combien, et dans combien de sens, il est délicat aujourd'hui de s'expliquer sur cette affaire; mais celui-là aimerait faiblement la vérité, et serait peu digne de la dire, qui ne lui rendrait hommage que quand on le peut sans danger.

Ce n'est ni en Historien, ni en Philosophe, que l'Auteur a traité ce sujet; c'est en Orateur, en Panégyriste : cela était plus facile et plus favorable à ses vues. Nous ne voulons point nous enfoncer ici dans une affligeante controverse : quelque coupable que fut Louis, et ce que nous avons dit précédemment prouve assez notre opinion à cet égard; quelque partialité, pour n'accuser de rien de plus un homme qui l'a vu de si près, qu'il y ait à vanter sans restriction, comme le fait M. Necker, sa bonté d'ame, sa droiture de caractère et sa simplicité de cœur, l'idée des maux qu'il a soufferts, cette idée ici présente, se place entre nous et ses crimes; et si elle ne peut les écarter de notre mémoire, elle nous défend du moins de les retracer et de nous étendre davantage sur ces tristes souvenirs.

Ce n'est point, on le concevra un jour quand les passions seront amorties, quand les faits seront éclaircis et que les nuages répandus par les factions seront dissipés à la clarté du flambeau de l'histoire, non ce n'est point aux royalistes, ni à ceux qui furent *les hommes du Monarque*, ni aux incurables partisans de la Monarchie, qu'il appartient de parler convenablement de ce jugement trop célèbre : ce n'est pas non plus à ces patriotes aveugles qui crurent alors, et pensent encore aujourd'hui, qu'il importait pour déraciner le Trône, d'abattre la tête d'un Roi parjure. La vérité sur cet événement, plus funeste à la République qu'à la Royauté, ne sera dite que par quelqu'un de ces républicains purs, exempts de toute autre passion que de l'amour de la patrie, étrangers à tout esprit de parti, à tout intérêt particulier, et qui, prévoyans et calmes dans ce tems d'aveuglement et d'orages, aperçurent la main perfide de l'étranger qui lançait ce brandon de discorde au milieu de la Représentation nationale, et pressentirent dès-lors tout ce qui ne tarda pas à justifier leur triste et inutile prévoyance.

« Les gouvernemens de l'Europe, dit M. Necker, et les hommes de parti liés à leur politique, conservèrent seuls alors leur sang froid, ou le reprirent des premiers; et prévoyant que l'acte solemnel d'injustice et de barbarie, dont les dominateurs venaient de se rendre coupables, exciterait une indignation universelle, ils saisirent cet événement comme un appel à la vengeance, et leur long ressentiment en jouit peut-être un instant. » Voilà un grand mot sans doute, un trait éclatant de lumière. En remontant un peu plus haut, et tirant tout-à-fait le rideau, qui n'est ici que soulevé, l'Auteur saisissait et pouvait montrer aux hommes la vérité toute entière : mais elle ne se laisse voir ainsi, qu'aux cœurs sincères qui la cherchent de bonne foi.

C'était une grande et belle idée que celle que proposa l'illustre Fox dans le parlement Britannique, d'envoyer une ambassade solemnelle demander à la Convention la vie de Louis XVI : nous regrettons avec M. Necker qu'elle ait été rejetée ; mais pouvait elle ne le pas être ? L'ame généreuse de Fox, toute remplie de nobles sentimens, n'aperçut pas que le bras qui tenait la hache suspendue à Paris sur la tête d'un malheureux Prince, était à Londres; et qu'avant de songer à fléchir la Convention nationale, il fallait toucher ce Pitt, inaccessible à toute impulsion humaine, à tout sentiment élevé, et pour qui ces effrayantes catastrophes n'étaient qu'un jeu de politique, une intrigue de cabinet.

Par quelle fatalité son mauvais génie l'emporta-t il dans les débats de nos Représentans ? Pourquoi des esprits éclairés et des cœurs droits ne se dirent-ils pas : puisque c'est là que veulent aller et que veulent nous conduire les tigres de Septembre, là sans doute est le vœu de Pitt et le danger de la patrie ? Pourquoi les partisans d'un système plus doux et d'une meilleure politique se divisèrent-ils, au lieu de former une masse invincible par son unanimité (1) ? Pourquoi les Républicains de

(1) Je reconnaîs une grande pureté d'intentions dans plusieurs de ceux qui votèrent pour la mort du Roi, et dans quelques-uns une grande supériorité de lumières ; mais j'ai toujours cru que ceux là ne votèrent ainsi que parce qu'ils virent que les partisans de l'autre opinion n'étant pas de concert

la Gironde s'égarèrent-ils dans cette opinion alambiquée de l'Appel au Peuple, idée complexe et enveloppée dans de longs raisonnemens, difficilement saisis par le plus grand nombre; idée même dangereuse à beaucoup

---

entre-eux, et divaguant entre plusieurs avis, ne l'emporteraient pas, et que leur voix négative, sans sauver le malheureux Louis, allait devenir contre eux un titre de proscription. Le mal vint donc, à tous égards, de ceux qui divaguèrent dans leurs propositions, au lieu de se rallier tous à un avis simple, et de l'énoncer clairement et briévement; car c'est par la simplicité, la clarté, et la briéveté, que dans les grandes circonstances on frappe et l'on saisit mieux l'esprit du peuple; et dans celle-ci c'était à l'esprit du peuple qu'il fallait parler.

Si j'eusse été membre de la Convention, je n'aurais sans doute ni varié ni fléchi dans le sentiment que j'énonçai dès-lors très-hautement sur toute cette affaire; mais voyant ensuite, comme nous le voyons aujourd'hui, que le vote pour la mort est devenu contre des hommes purs et probes une source particulière de proscription et de vengeances, je sens que, si j'avais été leur collègue, je leur envierais ce signe et cette espèce de cachet.

d'égards, mais à laquelle ils revenaient toujours, avec l'arrière-pensée de s'en serv
pour purger la Convention de l'écume qu'
avaient jetée les bouillonnemens populaires !

S'ils avaient mieux dirigé les traits de leu
éloquence ; s'ils s'étaient ralliés à ceux qu
demandaient, avec de plus faibles moyens
mais avec plus de raison, ou le bannissemen
perpétuel, ou la réclusion jusqu'à la paix
leur talent supérieur combattant avec plu
d'avantage sur un terrain moins défavorable
eût ramené à cette opinion la plûpart de ceu
qui par incertitude s'étaient jetés dans l'op
nion contraire ; et de ces deux avis modérés
le plus noble, le plus digne d'un peuple libr
l'emportant à la fin, l'Europe aurait vu u
grand spectacle ; celui d'un Roi coupable
légalement et honteusement banni : elle aura
long-tems retenti de cette sentence, solen
nellement prononcée sur la frontière : « Loui
vous avez trahi le Peuple Français qui vous ava
pardonné vos premiers parjures : le Peup
Français vous répudie et vous rejette de so
sein. Allez mendier les secours de ces Ro
qui se sont armés pour vous contre vot
patrie. Allez, et soyez pour eux une preuv

terrible de la puissance d'un Peuple, et de la faiblesse d'un Roi. »

Son existence fugitive n'eut été d'aucun danger pour la République. Doué comme il l'était de plusieurs moyens sûrs de désenchanter tous ceux qui approchaient d'un peu près sa personne, il eût causé par sa présence moins d'enthousiasme que n'en a, pendant quelque tems, excité l'indignation contre les auteurs de sa mort. Il eût régné comme son frère, à Véronne, à Blanckenbourg; et ce qu'en langage d'émigré on nomme la France extérieure, compterait deux règnes de moins.

Cependant le parti sain de l'Assemblée, où brillaient en grande majorité les talens et les vertus civiques, ayant vaincu dans cette occasion décisive, eut affermi pour toujours sa supériorité. Les brouillons, les hommes de fange et de sang, auraient été réduits au silence, ou à des clabauderies impuissantes. Nous n'aurions point vu ces horribles déchiremens, cette contre-révolution du 31 Mai, cette anarchie sanglante qui en fut la suite; ni, au milieu d'un peuple esclave à qui on ne cessait de vanter sa liberté, ce long règne de fureurs, de brigandages, de bastilles et d'échafauds. Tout ce qui s'est fait de grand se serait fait plus grandement peut être encore. Nous ne serions pas entourés, comme nous le sommes, de débris, d'animosités et de vengeances : le titre de Républicain serait resté sacré comme il doit l'être ; et la France République, qui ne s'est encore assise dans l'Europe que par la terreur de ses armes, y dominerait depuis long-tems par l'estime, par l'adoption de ses principes, la renommée de ses institutions, et l'admiration de ses vertus.

Convention Nationale, Sa TYRANNIE *et son* ASSERVISSEMENT : C'est le titre d'une Section de cet ouvrage, et c'est en même tems un mot fort juste. Oui la Convention fut asservie, et ses tyrans asservirent par elle la Nation entière. Mais jusqu'à quel point ? Dans quel sens ? Avec quel but réel ou apparent ? N'y eût-il pas dans ce phénomène politique une action double et simultanée de tyrannie et de liberté ? Dans la position où cette malheureuse Convention s'était précipitée, dans des circonstances si extraordinaires, ou plutôt uniques et sans pair, une part de la tyrannie n'était-elle pas elle-même un moyen aussi réellement unique qu'il était extraordinaire pour sauver, établir, et fonder la liberté ? C'est encore ce que l'Histoire dira, ce que la Philosophie examinera ; mais ce que n'a ni dit, ni examiné M. Necker.

L'un des sujets sur lesquels il triomphe en parlant de la Convention nationale, mais quel mérite a-t-il à triompher ? c'est celui des finances, des assignats, de leur dépréciation et de ses causes, de la vente inconsidérée des biens nationaux, des huit ou dix milliards métalliques, consommés en déprédations et en folies, presque autant qu'en dépenses réelles et en frais de guerre. — Mais ces frais de guerre cependant, faut-il en oublier l'énormité ? Faut-il oublier ce qu'a de gigantesque, d'étranger à toute proportion connue, la position d'un peuple assailli à-la-fois par l'Europe entière, obligé de créer et d'entretenir quatorze armées, de faire sortir de terre des moyens de défense, de subsistance, de répulsion, de répression ? Ce n'est pas tout d'avouer, comme l'Auteur est forcé de le faire, que la gloire et les exploits de nos armées couvrent seuls les fautes de la Convention, il faut, pour être juste, ajouter que cette Assemblée, quelles qu'aient été d'ailleurs sa tyrannie et ses erreurs, aura éternellement la gloire d'avoir, par son énergie, formé, soutenu, alimenté ces armées victorieuses, et d'avoir su les animer d'un feu, source de leurs victoires.

On dit bien, on aime à détailler les vexations, les barbaries de quelques députés féroces, envoyés en mission dans les départemens; on ne dit rien de nos Représentans en mission près des armées, donnant l'exemple aux chefs et aux soldats, marchant à la tête des colonnes dans les actions les plus chaudes, décorés et signalés à l'ennemi par l'écharpe et le panache tricolors. Il est aisé de passer en revue les mauvaises lois, les fausses opérations, les fautes de tout genre en législation, en morale et en politique de cette Convention à jamais célèbre, en mettant toujours à part sa position plus qu'extraordinaire; mais il faudrait, pour se laver du reproche d'une partialité révoltante, dire aussi ce qu'elle a fait de bon, de grand, d'énergique; ce qu'elle avait d'efforts à repousser, d'obstacles à renverser, d'ennemis à vaincre; et quoique prétende l'Auteur, on pourrait faire une revue assez nombreuse en sens contraire de la sienne.

Au reste il avoue avec une bonne foi remarquable, qu'il ne rapporte pas, comme tant d'autres, la combustion de l'Europe et la guerre générale que la Convention eut à soutenir, aux déclarations hostiles de l'Assemblée nationale. Il est fermement persuadé qu'aucune puissance

puissance voisine de la France et en grand commerce avec elle, ne pouvait continuer ses relations sans un danger manifeste. L'égalité des rangs et des fortunes proclamée à grands cris, tous les Gouvernemens outragés avec une insolence brutale, l'irréligion, l'athéisme prêchés ouvertement, la crainte de la propagation de nos principes par des missionnaires en bonnet rouge, voilà, selon lui, ce qui a forcé toute l'Europe de rompre avec nous, et non pas la cause du Roi, non pas l'intérêt qu'inspirait sa situation critique : « Ce n'est pas enfin avec notre liberté, mais avec notre éclatante immoralité que l'on a rompu. Les Etats voisins ont considéré cette immoralité au degré où elle s'était élevée, et dans le cercle qu'elle parcourait : ils l'ont considérée comme un fléau contagieux dont ils devaient chercher à se préserver, et qu'ils devaient au moins soumettre à la quarantaine de l'expérience. »

Ainsi, c'est pour corriger notre immoralité, autant que pour s'en garantir eux-mêmes; c'est pour refaire notre éducation que l'Europe a pris les armes ! Cause nouvelle d'une aussi effroyable guerre ! Eh quoi, Philosophe ami des hommes, vous approuvez froidement cette abominable politique des Rois! Vous plaisantez sur cette scission presque universelle, suivie d'une si longue et si terrible effusion de sang. Vous appelez cela spirituellement une quarantaine ! Ah ! l'habitude des opinions monarchiques, celle de vieux préjugés auxquels la tête s'est faite, et sur lesquels l'imagination et le génie ont pris la mesure de leur grandeur, celle d'une vieille ambition qui s'est arrangée et casée dans un certain ordre de choses, qui s'y trouve à l'aise et n'en veut point sortir, qui redoute des positions plus fortes et de plus grandes proportions; voilà, nous sommes bien forcés de le reconnaître et de le dire, voilà une maladie morale plus incurable que la nôtre, une peste que nulle quarantaine ne peut guérir !

Nous avons relevé précédemment quelques omissions volontaires et assez notables; en voici une autre qui peut-être ne l'est pas moins. Se peut-il que dans un livre intitulé : *De la Révolution française*, on ne parle pas de la guerre de la Vendée, de ses causes, de ses horreurs ? M. Necker n'en prononce le nom qu'en passant, et lorsqu'il le trouve sur la route des autres événemens. Ce silence ne peut avoir qu'une cause. Malgré la part que la faction anarchiste eut dans la prolongation et dans l'accroissement de cette fatale guerre, elle a un fond qui gâte un peu la beauté de la cause des Rois, et qui étaye mal le système de l'utilité des opinions religieuses.

Encore une autre omission moins importante, mais qui revient souvent, et qui fatigue la mémoire de ceux qui jugent cet ouvrage d'après les faits, et doit fatiguer aussi la curiosité de ceux qui jugent des faits d'après l'ouvrage, c'est la suppression presque générale du nom des acteurs dans le récit des scènes. Excepté Robespierre, Marat, Collot, Billaud, Barrère, et un très-petit nombre d'autres, c'est toujours un Membre, un Député, un Législateur, un Proconsul, etc. L'Auteur pense que le nombre des tyrans secondaires ou subalternes, ne doit point leur survivre, et il pense apparemment aussi, que ne se trouvant point dans son livre, ils échapperont aux recherches de l'Histoire.

« Elle ne les regardera peut-être pas, dit-il, en parlant de Collot, de Billaud et de Barrère; elle ne voudra signaler que les crimes du tems; et comme elle pourra les réunir avec profusion au souvenir du chef des brigands, elle laissera périr tous les autres noms. Les seconds de

Robespierre surnageront quelque tems encore à vue d'homme sur notre limon ; mais bientôt ils s'y perdront pour toujours. » — Fausse manière de voir qui fait un géant d'un pygmée, et qui représente cette tyrannie multiple sous les plus fausses couleurs.

Nous opposerons d'abord M. Necker à lui-même. « Ce Robespierre, dit-il dans sa troisième partie, qui sert d'excuse à tout après sa chûte, avait dans l'Assemblée ses rivaux en dureté, ses imitateurs en despotisme ; et quelquefois même on l'a dépassé. » Mais ce n'est pas encore là toute la vérité.

Le Comité de *Salut public* permanent, c'est là véritablement la Tyrannie. La division des attributions entre les membres du Comité, dont l'un ne s'occupait que de la direction de la guerre, un autre des Sciences et des Arts, en tant sur-tout qu'ils pouvaient servir à la défense de la liberté, un troisième des Subsistances ; tandis que les autres se disputaient le pouvoir et la popularité par les massacres, par l'oppression révolutionnaire, et que Robespierre supérieur à tous en popularité, non pas supérieur en cruauté, mais plus inaccessible et plus impitoyable, se réservant par attribution la police générale, s'attribuait ainsi la suprématie des meurtres, la dictature des proscriptions, et parvenait à tenir dans sa main le sort de ses rivaux mêmes en tyrannie; auprès de ce Comité terrible, celui de *Sûreté générale*, plus terrible ou du moins plus féroce encore, qui régnait par les arrestations immédiates, les inquisitions et la direction centrale des comités révolutionnaires, et qui n'ayant jamais à s'occuper des grandes opérations du Gouvernement, était tout entier aux passions haineuses, viles et sanguinaires; enfin sous les ordres de ces deux Comités, un essaim de Proconsuls lancés par eux dans toutes les parties de la France, avec d'horribles instructions, qu'ils dépassaient toujours par inclination et par politique; voilà les nuances principales de ce tableau aussi singulier qu'épouvantable, qui mérite d'occuper l'Histoire, où figurent plusieurs personnages dignes de ses pinceaux, et qu'elle tracerait fort mal, si de tous leurs traits diversement caractéristiques, elle ne saisissait que ceux de Robespierre.

Un des sujets sur lesquels triomphe aussi l'Auteur, mais nous demanderons toujours avec quelle gloire? c'est la revue qu'il fait des horreurs commises par les Députés en mission, et des mesures tyranniques prises ou approuvées par la Convention entière pendant son asservissement. Il profite des accusations formées dans le sein de la Convention même contre plusieurs membres coupables dont elle voulut se purger après le 9 Thermidor. Il tourne facilement contre elle ces discussions imprudentes et scandaleuses, dont les hommes sensés aperçurent dès lors quel parti l'on pourrait tirer un jour; mais tout cela dans quel dessein? Dans celui de frapper du même anathême, de la même proscription toutes les lois de la Convention nationale; et l'on sent assez où cela peut conduire.

Dans cette accumulation rapide d'actes de despotisme et de démence, on n'entend point le cri d'horreur que jette une ame blessée ni celui d'un cœur qu'on outrage en outrageant la Nature et l'humanité : on y voit plutôt comme à l'occasion du 2 Septembre, une désapprobation froide, une dérision orgueilleuse, et s'il est permis de le dire, moins d'indignation que de malignité.

Ah! C'est que dans cette occasion encore pour écrire convenablement, pour peindre avec énergie et vérité, il faut avoir vu les faits non pas de l'œil dont un ennemi voit les mau que se font entre-eux les objets de sa haine, ou même dont un étranger éloigné voit les blessures et les plaies que se fait de ses propres mains une patrie qui n'est pas la sienne. Si quelqu'un peut jamais bien décrire ces bouleversemens affreux, ce mouvement, unique dans l'histoire, de dégradation et de rétrogradation, au milieu d'une population immense; ce prodige inconcevable d'un peuple brave, mourant de lâcheté sous les coups des ses tyrans, tandis qu'il fesait trembler ses ennemis; d'un peuple spirituel, mourant de stupidité; d'un peuple humain et doux, mourant de rage et de barbarie; si quelqu'un peut donner à ces terribles peintures leur caractère et leur couleur, ce sera encore, n'en doutons point, un patriote sincère, un républicain passionné pour sa patrie, mais aussi pour l'humanité, qui aura vu de près, qui aura partagé les dangers publics, qui, au milieu de la terreur commune, ne s'en étant point laissé saisir, n'aura point confondu, depuis qu'elle est dissipée, cette anarchie meurtrière avec la Révolution, ni cette Tyrannie rapace et sanglante avec la République. Donnez à un tel homme le talent de M. Necker, donnez-lui même un talent très-inférieur; il attachera par la fidélité de ses récits, par la justesse de ses observations, par l'effrayante vérité de ses portraits; mais quelque haute opinion que vous ayez de la supériorité de M. Necker, vous la doubleriez encore, que vous ne pourriez ni donner à son ouvrage ce qui y manque en couleurs locales et en connaissances positives, ni lui ôter ce qu'il a de trop en préventions et en partialité.

On aperçoit ce défaut et cet excès dans tout ce qu'il appele lui-même la partie historique de son livre, mais qui, relativement surtout à la Convention nationale, ne contenant qu'une portion des faits, qu'on trouvera plus complets ailleurs, et les offrant souvent altérés ou présentés sous un faux jour, ne servira en effet jamais ni d'histoire ni à l'Histoire.

Cette altération ou cette ignorance du fond des choses est la même jusqu'aux derniers événemens, et l'Auteur n'a pas plus fidellement raconté le 13 Vendémiaire que le 10 Août. Nous ne nous engagerons pas dans des détails de cette funeste affaire, dont le jugement solemnel a prouvé qu'un *fait* peut être évident et notoire sans être pour cela *constant*. Mais on a beau interpréter aussi défavorablement qu'on voudra les motifs de la Convention pour la conservation de ses deux tiers, et décrier les moyens dont elle se servit pour atteindre ce but ; qui oserait affirmer, au moment où nous sommes, que si une Assemblée toute nouvelle eût alors pris sa place, la Constitution qui nous a sauvés eût été sauvée elle-même et mise en activité; qu'elle aurait aujourd'hui dix-huit mois d'existence et de gloire, et que nous n'eussions pas été livrés à de nouveaux déchiremens ?

Celui qui compte, comme M. Necker, parmi les motifs qui exaspérèrent les Parisiens contre la Convention, l'accueil qu'elle fit aux anciens suppôts de la tyrannie, et le soin qu'elle prit de les armer, oublie que c'est au moment où elle allait être attaquée qu'ils se présentèrent, qu'elle les accueillit et les arma. Le reproche de cet armement ne lui a été fait que par des esprits irréfléchis ou par des hommes qui trouvaient plus commode à leurs desseins ou plus conforme à leurs vœux qu'elle se laissât égorger. Sans nous appesantir davantage sur des souvenirs qui blessent beaucoup d'intérêts, et, ce qui est peut-être plus dangereux, beaucoup d'amour-propres, nous confesserons pourtant ici notre croyance avec la même franchise que nous l'avons fait sur toutes les autres grandes époques de la Révolution, et sans crainte d'être démentis par le *jury* de l'Histoire. — Refuser de reconnaître le royalisme et l'esprit de contre-révolution, nous ne disons pas dans tous les acteurs, mais dans les principaux meneurs de ce mouvement royaliste et contre-révolutionnaire, c'est aveuglement ou mauvaise foi.

Il y a peut-être quelque vérité malheureuse dans la prédiction que fait l'Auteur des suites que doit avoir ce régime, à qui l'on ne donne plus un titre assez terrible en l'appelant le régime de la Terreur ; mais il doit reconnaître lui-même le peu de justesse d'un article très-important de sa prophétie, qui peut, sur tout le reste, nous faire pardonner le doute de l'espérance. « Il restera, dit-il, le souvenir d'une longue suite de discours et de controverses sur les subsistances, mais sans blé, sans pain, et au milieu d'une interminable et cruelle disette. » Il ne s'est écoulé qu'un peu plus d'une année depuis que son ouvrage est achevé, et cependant le blé remplit nos greniers, le pain surabonde, les marchés regorgent, l'interminable disette est terminée : par-tout, dans nos champs, dans nos villes, elle est remplacée par l'abondance : en si peu de tems, une sage administration a tout fait. Et qu'a-t-elle fait cependant ? Que M. Necker le lui pardonne ! Elle s'est abstenue de faire.

Si M. Necker a mis si peu d'exactitude et d'impartialité dans le récit de la plûpart des événemens de la Révolution, l'on peut croire qu'il n'en a pas mis beaucoup plus dans l'examen de la Constitution française et dans la comparaison qu'il en fait avec la Constitution des Etats-Unis d'Amérique et celle de la Grande-Bretagne. Avant d'en venir là et dans un autre endroit, où il parle du génie de nos Législateurs, voici comme il annonce dans quel esprit il compte procéder à cet examen. « Nous l'apprécierons (ce génie), nous essaierons d'en mesurer la hauteur en examinant la nouvelle Constitution; et déjà je me doute que pour prendre cette dimension, il ne faudra ni forcer le compas, ni tenir à pic le télescope. » On pourrait dire, en adoptant cette métaphore bizarre, que ces deux opérations ne seraient pas de trop pour mesurer la distance qui sépare une pareille disposition d'esprit de celle où doit être un sage examinateur et un bon juge.

Des étrangers plus éloignés de la France que ne l'est M. Necker, ont fait des éloges raisonnés et très-raisonnables de notre Constitution de l'an III (1) ; mais ils étaient séparés de nou par les distances et non par des passions. M Necker est loin de penser comme eux : rien n lui plaît dans cette Constitution qui n'aur jamais, selon lui, ni action, ni unité, ni forc Voilà pourtant dix-huit mois qu'à travers mill obstacles, elle existe, elle agit, elle triomph des attaques extérieures et des factions inte nes. C'est à ce qu'il nous semble, une répons pratique aux objections spéculatives de M Necker, qui nous dispense d'en cherch d'autres; d'ailleurs, nous n'aimons pas plus combattre des fantômes que nous n'aimerior à embrasser des nues ; et ne voudrions pas plu être Dom-Quichotte qu'Ixion. M. Necker a contraire, épris comme le second, de tout les vapeurs dont se forment les Constitutior monarchiques, échelle de rangs, distinctior héréditaires, titres, cordons, gradations c respect, se crée, comme le premier, non-se

---

(1) Voyez entre-autres un excellent ouvra intitulé : *De l'état politique et économique de France sous sa Constitution de l'an III*, trad de l'allemand, qui se vend chez *Couret-Villeneuv* quai Voltaire, n°. 9.

lement cette Dulcinée pour l'adorer, mais des moulins pour les combattre.

Il se représente, par exemple, notre système si touchant de l'égalité, ce système, non-seulement le plus naturel, mais le plus social de tous, comme un état de choses dans lequel on prendrait indifféremment et au hasard le premier venu, l'imbécile et l'homme d'esprit, l'ignorant et l'homme instruit, le malotru et l'honnête homme pour en faire un Magistrat, un Législateur, un Juge, un fonctionnaire de toute espèce. Là dessus il prend ses armes, et rompt des lances à plaisir. Il prouve très-bien que ce système n'a pas le sens commun, qu'il y a réellement quelque différence à y faire, et qu'une République ainsi gouvernée ne peut aller que de travers, et cheminer qu'à sa perte. Que voulez-vous qu'on lui réponde ?

Autre exemple. Il paraît croire que nos Anciens, dans leur Conseil : ne font jamais que se promener en attendant de la besogne, c'est-à-dire un message des Cinq-Cents qui leur apporte une résolution à approuver ; qu'à la réception de ce message, ils ne font que répondre: *Le Conseil approuve* ou *le Conseil ne peut adopter*, et qu'après ces mots tout est dit. On conçoit de quels sarcasmes une telle institution est accueillie. — Quand *l'imagination* vient faire visite au *jugement*, elle devrait permettre à son patron de s'expliquer plus librement avec elle. Dans leurs momens d'attente que feront ces pauvres Anciens, ces muets de la Législature ? *Etabliront-ils une lecture publique comme dans les couvens de Moines pour remplir les quarts-d'heure de silence?* Que feront-ils, quand au milieu d'un projet de loi utile, un article dangereux les forcera de la rejetter toute entière, et que leur règle monosyllabique ne leur permettra pas de faire connaître les motifs de leur détermination? Il n'y aura en eux ni dignité, ni intérêt, ni popularité.

L'Auteur oublie, ou ne sait pas, que les Anciens, avant d'adopter ou de rejetter une proposition, nomment une commission pour l'examiner; que les commissions des deux Conseils peuvent se concerter entr'elles; que les discussions dans l'un sont publiques comme dans l'autre, et que par ce moyen, non-seulement le Conseil des Cinq-Cents, mais tout le public est instruit des motifs du rejet, ou d'un projet entier, ou d'un article seul qui nécessite le rejet de tout le reste. Il travestit en assemblée d'oisifs et de muets, en confrérie de moines, un Conseil qui déjà s'est acquis la confiance et la vénération publiques, et qui, par la fermeté de sa contenance, la solidité de ses principes, la dignité de ses delibérations, autant que par son attachement à la Constitution républicaine, fixe sur lui les regards et les espérances des patriotes.

Comment répondre encore aux fausses idées qu'il se forme du Directoire exécutif, de cette composition ingénieuse qui réunit les avantages de l'unité à ceux d'une volonté composée; de la permanence à ceux d'un renouvellement successif; de la vigueur pour l'exécution des lois à l'impossibilité de les modifier, de les influencer et de les enfreindre? Il ne voit dans cette partie de la Constitution française qu'absurdités et imperfections, impuissance d'agir, incohérence ou lenteur dans les délibérations, discorde, faiblesse, ou, en cas de force, dangers pour la liberté publique. Ce que le Directoire a fait dans le court espace d'une session pour soutenir la guerre, pour conclure la paix, pour établir la Constitution, pour neutraliser l'une par l'autre les factions opposées; pour protéger, pour affermir la liberté publique, pour maintenir son autorité, sa dignité contre des attaques fréquentes et des objets perfidement suivis; tout cela répond suffisamment à

M. Necker, qui, s'il a examiné avec quelque attention, pendant cette dernière année, le jeu de notre machine constitutionnelle, serait au reste mieux que personne en état de se répondre à lui-même.

Il serait à désirer pour sa gloire, qu'avant de publier son livre, composé, dit-il, depuis plus d'un an, il eût revu attentivement au moins cette partie. Le texte de notre constitution était expliqué par le commentaire non-équivoque d'une année d'expérience ; et M. Necker, en persistant à reprendre quelques défauts réels qui y existent, et dans quelle Constitution n'en existe-t-il pas ? n'eût point compromis son jugement par des critiques fausses et des conjectures hasardées qui ne retombent que sur lui.

Tout ce qu'il dit sur la Constitution des Etats-Unis, en la citant pour exemple d'une république fédérative, comparativement avec notre république indivisible, se réduit à ceci : *Principe.* Dans un pays vaste, l'Egalité est inconciliable avec l'unité et l'indivisibité du Gouvernement. *Conséquences.* 1. La Constitution des Etats-Unis est bonne, quoique l'Egalité y règne, parce qu'elle est fédérative et non pas une et indivisible : 2. La Constitution anglaise est

est bonne quoiqu'elle soit une et indivisible, parce que l'Egalité n'y règne pas et qu'elle est une Monarchie tempérée; 3. La Constitution française ne vaut rien parce qu'elle est républicaine, qu'elle est une et indivisible et que l'Egalité y règne.

Le seul embarras était de prouver le principe. M. Necker n'a pas jugé à propos de s'en donner la peine; en sorte que ses conséquences sont encore, en dernière analyse, réductibles de cette manière : le système de l'Egalité et l'indivisibilité du Gouvernement sont inconciables, parce qu'ils sont inconciliables : les constitutions d'Amérique et d'Angleterre sont bonnes parce qu'elles ne les concilient pas; celle de France est mauvaise parce qu'elle les concilie.

Quant à la Constitution anglaise, M. Necker la cite non-seulement comme le modèle d'une Monarchie tempérée, mais comme le *nec plus ultrà* des combinaisons politiques et le chef-d'œuvre des Constitutions. Il y admire cette échelle de rangs et de distinctions qui est un des objets de son culte; cette représentation prétendue, dont il se garde bien de remarquer l'évidente imperfection; cette Chambre des Pairs, presque nécessairement vénale; cette inviolable autorité du Pouvoir exécutif qui lui garantit une supériorité subversive de tout bon ordre politique : il y admire tout, jusqu'à cette formule de la sanction et du *veto* royal, exprimée en mauvais français : *le Roi il le veut, le Roi il s'avisera.* Il loue en un mot cette Constitution principalement parce qu'elle ne ressemble pas à la nôtre, comme il blâme la nôtre principalement parce qu'elle ne ressemble pas à la Constitution anglaise : c'est encore à quoi se réduit presque tout ce qu'il dit de l'une et de l'autre.

A l'entendre, il y avait un moyen bien simple pour s'épargner dans la Convention nationale tout le travail relatif à la Constitution. « Quelle différence, nous dit-il avec franchise, je l'ai dit, je le redirai puisque je le pense toujours, quelle différence, si au lieu de laisser errer et divaguer sans fin tant de parleurs politiques, tant de commençans, tant de novices, on eût chargé un simple greffier de monter à la tribune, et d'y lire d'une voix de Stentor la Constitution britannique ! On eût ouvert ensuite la discussion sur les diverses modifications que cette Constitution pouvait exiger, et en elle-même et dans son application à la France. » Thomas Payne, qui était membre de la Convention, eût sans doute trouvé à cela un petit empêchement; c'est que, comme il l'a soutenu et peut-être prouvé, il n'existe point, à proprement parler, de Constitution britannique.

Il n'y a jamais eu un grand effort de pénétration à soupçonner M. Necker de prédilection pour le Gouvernement anglais. Il l'avoue ouvertement aujourd'hui, et dès la première partie de son ouvrage. Il ne dissimule plus que ses premières et ses dernières pensées furent toujours favorables à un système de Gouvernement *avec lequel ni des Etats-Généraux divisés en trois ordres, ni aucun autre institut monarchique ne peuvent être mis en parallèle.*

Le Roi, dit-il, ne le voulut pas d'abord; il le voulut ensuite, mais son opinion n'avait plus alors le crédit nécessaire pour diriger les esprits. Il serait curieux de savoir précisément à quelle époque Louis XVI consentait à devenir un Roi à l'anglaise, à quelle époque il cessa d'y consentir : c'est ce que M. Necker ne nous dit pas : seulement il nous assure que l'on aurait aujourd'hui en France le Gouvernement d'Angleterre perfectionné, *si le Roi, la Noblesse et le Tiers-Etat qui l'ont chacun désiré dans un certain moment, avaient pu le vouloir à une même époque.* Vienne cette révélation qui nous manque, nous saurons avec un peu plus de certitude ce qui, pour les observateurs les plus attentifs, est encore enveloppé de quelques nuages : 1°. Si au commencement des Etats-Généraux ce n'était pas M. Necker qui poussait dans ce sens la volonté du Roi et le mouvement de la Révolution ; et si tout n'alla pas ainsi jusqu'à la séance du 23 Juin, où la faction opposée au parti anglais l'emporta ; 2o. Si depuis lors le changement de dynastie résolu dès-long-tems par une faction, ne fut point adopté par M. Necker, et si le fort du mouvement et des intrigues ne se porta point vers un Prince dont les effigies furent triomphalement portées au 14 Juillet avec les siennes. Quoiqu'il en soit, d'après l'aveu même que fait M. Necker, d'avoir toujours favorisé le système de la Constitution anglaise, y a-t-il de l'injustice à croire que dans toute la partie des événemens où il a eu de l'influence, il a fait ce qu'il a pu pour amener ce résultat?

S'il nous est permis de dire franchement notre avis à l'égard des *réflexions sur l'Egalité* que l'Auteur appelle *philosophiques*, et qui terminent son ouvrage, nous avouerons qu'elles nous paraissent bien peu dignes de ce titre. Rien en effet de moins philosophique que d'opposer des préjugés, si vieux qu'ils soient, à la doctrine, quelque nouvelle qu'on la suppose, de l'Egalité des droits entre les hommes, qui est la base et l'objet réel de la Révolution française; rien aussi de moins philosophique que de perdre tems à combattre l'Egalité de fait, l'Egalité absolue, système absurde, éclos dans nos tourmentes révolutionnaires, et qui devait disparaître avec elles : rien ne l'est moins sur-tout que de publier avec faste la réfutation d'un mauvais rêve, quand le sommeil n'existe plus. Il le serait tout aussi peu de répondre méthodiquement à cette réfutation qui laisse la question véritable à-peu-près au même point où elle était auparavant; défaut l'un des plus graves que puisse avoir un écrit intitulé *Philosophique*.

C'est vers la fin de 1793 que M. Necker écrivit ces réflexions. Il en résulte qu'elles sont en grande partie dirigées contre l'Egalité des tyrans de 1793, qui n'est plus soutenue que par des fous ou par des ennemis de la véritable Egalité. Il a fait comme quelqu'un qui voulant traiter de l'état des hommes rassemblés dans les villes, les observerait au moment d'un incendie, et trouverait et prouverait par de beaux raisonnemens que les choses iraient mal, et que pour la tranquillité des habitans elles ne doivent pas aller ainsi.

Quant à l'Egalité des droits, à laquelle l'Auteur oppose la nécessité du système des gradations et des distinctions de propriétés, de naissance, de fortune et d'éducation, cette partie philosophique ou, selon nous, à plusieurs égards, anti-philosophique de son écrit, comporterait une discussion de quelqu'étendue; mais le tems nous presse, l'espace nous manque, et sans avoir à nous reprocher d'être entrés dans trop de détails en parlant d'un tel ouvrage, et sur des sujets si importans, nous craignons cependant qu'on ne nous accuse de retenir trop long-tems l'esprit de nos lecteurs fixé sur le même objet. Nous traiterons ailleurs cette matière plus à fond que nous ne pourrions le faire ici. Les ennemis de l'Egalité trouvent leur compte à confondre ce qui est très-distinct. Nous espérons ne leur pas laisser cet avantage.

Quelque soin que nous ayons pris de ne nous pas appesanti en examinant sous le point de vue philosophique l'ouvrage de M. Necker, nous y avons assez relevé d'inexactitudes, d'omissions, et peut-être d'erreurs, pour faire voir que nous ne le croyons d'accord avec la vérité, ni dans les faits, ni dans les principes. Si nous voulons maintenant le considérer sous le point de vue littéraire, comme on doit le faire de toute production nouvelle d'un écrivain qui s'est fait une réputation dans les lettres, nous serons forcés de dire qu'en général nous n'en trouvons pas le style d'accord avec le bon goût : il nous paraît moins fort, moins soutenu que dans les autres productions du même Auteur, plus hérissé d'expressions néologiques et hors d'usage, de constructions pénibles et entortillées, de répétitions inutiles et vicieuses. Si nous en voulons donner des exemples, ils s'offrent à chaque page, et nous n'aurons à nous garantir que de les trop multiplier.

Passons rapidement sur quelques bizarreries de style, telles que celles-ci : avoir *en présence de soi* la personne et les sentimens du Prince.... Tout était réparable aux yeux des Français *près de leur caractère*..... Je suis impatient de *finir de moi*..... Ici je finis *de moi*, *de* ma cause et *de* ma défense..... C'est *de leurs sommités morales*, s'il est permis de s'exprimer ainsi, et non de tous leurs sentimens que les hommes réunis en société *se cherchent et se touchent.* — Disons seulement que si l'on est de notre avis, il ne sera point du tout permis de s'exprimer ainsi.

« Les vœux de tous les ordres de l'état en-

vironnaient, pour ainsi dire, *un engagement*, etc. » Malgré le *pour ainsi dire*, on voit que des vœux qui *environnent un engagement* sont précisément ce qu'il ne faut point dire. L'Auteur aime beaucoup cette figure et cette espèce d'image circulaire. Il dit ailleurs : vingt-cinq millions d'hommes réunis, rassemblés en tumulte *autour d'une seule passion ;* et ailleurs : quand une nation toute entière est rassemblée *autour de ses finances* ; et encore ailleurs : il faut bien se garder de retenir *autour des idées spéculatives* les hommes destinés par leur situation aux travaux mécaniques, etc.

Quelquefois c'est dans les mots qu'est la bizarrerie, comme : on s'était habitué à être *senti*.... Substituer l'exagération de la liberté à *la sagesse des freins*.... On n'avait été préparé ni par aucune pensée graduelle, ni par aucune *idée riveraine*.... etc.

Quelquefois c'est dans la construction et dans le tour qu'est l'irrégularité, comme : *leur obligation aux Ministres*, pour *l'obligation qu'ils avaient aux Ministres*.... ; l'indifférence à *l'esprit public*, au lieu de *pour l'esprit public*.... ; *c'est appelés* aux mêmes prétentions que les hommes à l'envi se disputent leurs rôles, pour : *c'est lorsqu'ils sont appelés aux mêmes prétentions*.

On trouve aussi très souvent *en imposer* pour *imposer*; c'est comme si l'on disait qu'un homme est un *imposteur*, au lieu de dire qu'il est *imposant*, faute devenue très-fréquente aujourd'hui et qui n'en est pas moins une faute. *Item*, un événement *tel qu'il soit;* à *tel* titre *que* ce fût ; à *telle* hauteur *que* le tems ait élevé le colosse de l'opinion, la vie d'un homme, de *tel* état, de *tel* rang *qu*'il pût être, au lieu de *quelqu'il soit*, à *quelque* titre, à *quelque* hauteur, de *quelqu'*état, de *quelque* rang ; faute encore qui n'en est pas moins réelle, pour être devenue commune.

Souvent, d'un style oratoire, pompeux, et l'on pourrait même dire emphatique, l'Auteur descend à des expressions triviales, qui ne sont d'usage que dans le style familier, comme : la principale noblesse de France, *la plus voyante* au moins.... de tems à autre j'ai montré, *que je pense*, la faculté de saisir les idées à leur première origine.... A l'aide de la parole devenue de nos jours *une si grande coquine*, etc., vous embrassiez de vos conceptions la postérité, de vos méditations les races futures, lorsque nous pleurions sur le sort d'une seule famille : *c'est beau.....*

Souvent aussi la chûte est moins dans l'expression que dans l'idée, et voulant renforcer une pensée ou une image, au lieu de s'élever au grand ou au terrible, il tombe tout-à-coup dans le puéril. Ceci, nous le sentons, a besoin de preuves ; mais nous ne serons embarrassés que du choix.

N'est il pas vraiment puéril de dire en parlant de Robespierre : Je doute que l'Histoire veuille s'abaisser à dessiner *les plis et les replis de ce Dragon écumant de rage, et dont le regard était mortel* ?.... Ne l'est-il pas de peindre l'étonnement de l'Océan, et les réjouissances des poissons, pendant les horribles noyades de Carrier ? « Les ondes du fleuve parurent des flots de sang; l'Océan les reçut *avec étonnement*, et les animaux immondes qui s'en abreuvèrent, *célébraient seuls Carrier, Robespierre et ses compagnons.* » Après avoir dit que le tyran découragea tous les scélérats de son espèce, et qu'il les contraignit à se tenir au second rang, à n'être que des garçons assassins et incendiaires, n'est-il pas puéril d'ajouter, *ou de simples Commissaires du Démon?*..... Ne tombe-t-il pas plus que jamais dans le puéril, lorsqu'ayant dit énergiquement de ce même Robespierre : » son ame vivait solitaire ;

et la retraite de sa conscience semblait n'être éclairée que par les torches des Furies, il ajoute: *et par les lugubres oscillations de leur pâle lueur?....*

Il n'est pas plus heureux avec les Anges qu'avec les Diables et les Furies; la puérilité l'attend dès qu'il parle des uns ou des autres, comme lorsqu'il compare ensemble l'union des principes philosophiques avec les plus violentes passions, dans la Révolution française, et *le mariage des Anges avec les filles des hommes*, dans les récits de la Bible; comme lorsque, cherchant le pathétique dans un sujet qui le portait en soi, et qu'il suffisait de traiter avec naturel et simplicité, pour le rendre le plus touchant du monde, il dit de Madame Elisabeth, vertueuse et innocente victime des plus lâches fureurs, « qu'un rayon du Ciel aura pénétré ses regards, qu'*un Ange l'aura couverte de ses aîles DORÉES*, et lui aura fait oublier la terre. »

Encore quelques puérilités, et toujours sur les Diables ou sur les Anges : Quel débat! quelle controverse! *Le Corneille* des esprits infernaux, *s'ils en ont un*, y trouverait un riche sujet de scène et d'entretien dramatique...

Un Ange descendu sur la terre eût été le premier des suspects : et pourquoi non ? *c'étaient les Démons qui donnaient l'ordre* et figuraient les signalemens..... Qu'eût pu faire de mieux Satan, *le malin Satan*, que de mettre et combiner ensemble astucieusement les mots qui composent tel ou tel article de la loi du 22 Prairial ? »

Enfin, il y a encore quelque chose de puéril, quoiqu'il n'y ait ni Anges, ni Diables, à dire ironiquement de cette même loi, parce qu'elle fut composée en *Floréal*, « cette loi de destruction *si doucement réunie à des époques printannières..* » En général tout ce que l'Auteur dit sur cette horrible loi est commun et vague ; n'a rien qui convienne exclusivement à ce qui ne ressemble à rien au monde ; est sans nerf, sans indignation, sans verve. O Monsieur Necker ! vous n'avez pas le secret du vrai caractère de la loi du 22 Prairial : vous ne l'avez pas entendu lire, le soir même, à la chûte du jour, au bout du lugubre corridor d'une des prisons de Robespierre, environné des nombreux compagnons de votre infortune, avidement attentifs à la lecture d'un journal, se regardant tous en silence après cette lecture, tous restés par cette loi sans recours contre la tyrannie, sans défense contre la mort. (1)

---

(1) Je pourrais appliquer ici ce que dit notre vieux Marot dans un sujet moins grave :

Et j'y étais, j'en sais bien mieux le compte.

J'y étais, pour avoir jusqu'à la fin, seul peut-être entre les Gens de Lettres, opposé publiquement quelque résistance au torrent de l'anarchie; pour avoir long-tems, dans le Moniteur, refusé de plier sous le joug de la Commune, et protesté contre les lettres de jussion de Chaumette; pour avoir, dans la Feuille Villageoise, manqué de respect à la Déclaration des droits de la Constitution-Robespierre; pour avoir dans ma correspondance, traité librement de calomnie une calomnie de Billaud-Varennes, etc. etc. J'y étais; et je vis périr presque à mes côtés, mon cher André Chénier, Roucher, les frères Trudaines, les deux Vergennes, des femmes aimables, des enfans: et moi-même, je ne dus la vie qu'au hazard le plus extraordinaire, au mouvement généreux d'un employé qui l'eut un instant dans ses mains, et ensuite au beau jour qui sauva la France. J'y étais; et je n'y appris pas, sans doute, à aimer les vils brigands qui m'y avaient conduit, ni leurs suppôts affreux, ni leur exécrable système : mais je n'y appris pas non plus à blasphêmer le nom

Un défaut de style fréquent dans cet ouvrage, qui même y revient si souvent qu'il semble constituer intrinséquement la manière de l'Auteur, c'est la répétition vicieuse des mêmes mots dans les mêmes phrases. Ces répétitions sont de plusieurs espèces : les unes paraissent destinées à donner de la force à l'expression, et selon nous elles l'énervent; telles sont celles-ci : *au risque*, et *au risque* évident d'associer, etc. ; enfin, *les vœux* et *les vœux* prononcés de tous les ordres de l'Etat.... Je la revendique *cette part*, *cette part* justement honorable..... On aurait aujourd'hui *le Gouvernement d'Angleterre*, et *le Gouvernement d'Angleterre* perfectionné..... etc. On voit bien le but de l'Auteur ; il veut d'abord indiquer la chose, ensuite la chose accrue d'une qualité bonne ou mauvaise, afin d'accroître l'impression en bien ou en mal ; mais on sent combien la fréquence de

---

de la Philosophie et de la Liberté, à imputer à la République les crimes de la Terreur, à me déshonorer par une lâche apostasie. J'en sortis tel que j'y étais entré ; ennemi de la tyrannie populaire, comme de la tyrannie monarchique, et d'autant plus dévoué à la Liberté de ma patrie, que j'avais plus souffert, que je m'étais vu plus près de mourir pour elle.

ce moyen , pour atteindre un but souvent manqué, donne à-la-fois au style de prétention et de pesanteur.

D'autres répétitions qui ont sans doute pour double objet de renforcer la phrase et de l'empêcher d'être obscure, nous paraissent avoir le double effet de l'embrouiller et de l'affaiblir. D'autres enfin, n'ayant visiblement pour but que la clarté, ne prouvent autre chose dans l'Auteur, sinon qu'il ne sait pas les vrais moyens d'être clair, ou qu'il aime mieux recourir à ce mauvais tour de phrase que de se donner la peine d'en chercher un plus heureux. « *Les Etats-Généraux* dont le rassemblement n'avait servi qu'à signaler la puissance de la Cour et la faiblesse des Représentans de la Nation, *de tels Etats* ne pouvaient pas, etc.... combien *de circonstances* heureuses devaient servir la France, et porter au plus haut période la gloire de cet Empire ! Elles pouvaient *de telles circonstances*, résister, etc.... *Le silence que garda* le Parlement en voyant les Notables, etc.; *le silence qu'il garda* au moment où les droits d'élection furent publiquement débattus et fixés, *au moment* où l'on adopta de nouvelles proportions, etc., enfin, *au moment* des lettres de convocation, *ce silence* fit assez connaître, etc...

Mais si l'on veut voir le chef-d'œuvre de la Battologie et de l'imbroglio grammatical, on le trouvera, *que nous pensons*, dans cette phrase à répétition double et triple. « *C'était pourtant un léger sacrifice de la part* des amis d'une Constitution si long-tems oubliée ; *c'était un léger sacrifice de leur part* que la réunion des trois ordres pour délibérer en commun sur les affaires communes ; *c'était un léger sacrifice de leur part, si à ce prix, comme je l'espérais alors*, l'on eût pu réserver aux deux premiers ordres un droit d'exception pour les questions relatives à leurs propriétés honorifiques; *c'était un léger sacrifice, si à ce prix, comme je l'espérais alors*, l'on eût pu fortifier l'autorité suprême de toute l'autorité de l'opinion nationale, *si à ce prix* enfin, on eût pu garantir au Monarque, etc. » Il semble que cette phrase est un labyrinthe où l'Auteur s'est égaré : il cherche une issue, et après des circuits fatigans, il revient toujours au point d'où il était parti.

Mais c'est nous arrêter trop long-tems à un genre de critique qui lasserait à la fin la patience de nos lecteurs et la nôtre. Nous n'attachons

pas

pas plus d'importance qu'il ne faut à la guerre aux mots, dans un sujet de cette nature : peut-être cependant cette foule d'exemples, dont il nous serait infiniment aisé d'augmenter le nombre, pourra-t-elle être de quelque utilité, par cela même que le livre d'où ils sont tirés, a eu beaucoup de vogue, et qu'une partie en est due au style de l'Auteur; par cela encore, que si ce dernier ouvrage est le plus négligé des siens, ces mêmes défauts se retrouvent pourtant assez fréquemment dans les autres, pour être regardés comme partie constitutive de son style; et que pour ceux qui, malgré la corruption générale du goût, tiennent encore à la pureté de notre langue, il est presque aussi important de faire observer dans un écrivain renommé ce qui la blesse et la ternit, qu'il l'est pour ceux qui, malgré la corruption plus générale encore de l'opinion publique, restent fidelles aux vrais principes de la liberté, de relever en lui ce qui tend à corrompre cette opinion et à l'égarer de plus en plus.

Enfin, ce qui peut donner de l'intérêt et de l'utilité à ces observations, c'est que l'Auteur, parmi les reproches qu'il fait au système de l'Egalité (mais toujours de cette Egalité absolue qu'il se tue à combattre et que personne ne défend) n'oublie pas le tort que ce systême, pendant son existence funeste, mais passagère, a fait à la noblesse et à la pureté de notre langue. " Beautés de la langue française, s'écrie-t-il douloureusement, vous méritez bien aussi nos regrets ! Vous brilliez encore de tous les ornemens dont le génie de tant d'orateurs vous avait enrichies, lorsque des barbares sont venus vous lacérer et vous mutiler. ,, Il craint qu'après avoir été ainsi défigurée, cette belle langue ne puisse plus retrouver sa dignité, ses délicatesses, ses expressions fines ou tendres, ses nuances infinies. Les nuances sont des gradations, *et la loi de l'égalité pourrait bien aussi les proscrire.*

,, Ferait-on valoir, ajoute-t-il, à la louange de nos orateurs de tribunes, les nouveaux mots qu'ils ont jetés dans la langue dont ils font usage ; ces verbes sur-tout en quantité et qui atteignent si brusquement à tout espèce de but ? Mais ces verbes de leur invention ou de leur industrie en abrégeant leurs phrases, en accélérant leurs mouvemens, nous rappellent souvent *la rapidité du vautour impatient de saisir sa proie.* ,, Quoiqu'il en soit de cette similitude, c'est sans doute seconder le zèle de M. Necker, pour la pureté de notre langue, que de relever dans ses propres écrits ce qui l'altère. Ces altérations sont plus pernicieuses en raison de la réputation et de la durée des ouvrages ; et il doit sentir mieux que personne, combien sont plus dangereuses pour le goût, des expressions et des tournures vicieuses, employées et fréquemment répétées dans ses livres, que des mots ou des phrases qui tombent, pour ainsi dire, chaque jour de la tribune dans les journaux, et des journaux dans l'oubli.

C'est donc son amour-propre même qui doit nous absoudre de ce qui, dans nos observations, pourrait blesser son amour propre. On lui a reproché depuis long-tems de n'être pas exempt de cet excès d'un sentiment louable, et nous devons avouer que dans cette dernière production il nous paraît loin d'être à l'abri de ce reproche. Nous ne parlerons pas de quelques phrases hautaines, comme celle-ci : " *toute la France était chez moi* le jour où je déclarai aux députés du Tiers-Etat que mon nouvel engagement ne serait pas long, s'ils continuaient à se séparer du Gouvernement » ni de plusieurs autres où l'on reconnaît en quelque sorte l'attitude habituelle de l'homme et son air de tête ; mais en voici une où cet air et cette attitude nous paraissent aussi par trop outrés : Alors, m'examinant bien, j'ai toujours aimé dans les autres tous les genres de grandeurs conventionnelles ; car ne m'étant jamais senti *imposé* par aucune, et n'ayant pas la faculté de relever les hommes à ma volonté par des qualités morales, j'aurais voulu, pour le charme de mon imagination, *et peut-être aussi pour ma plus grande aisance*, leur donner une stature d'apparence, et leur prêter à tous, faute de mieux, des panaches ou des échasses. „ Il reconnaît, il est vrai, que c'est presqu'une impertinence (*presque* est modeste) ; mais ajoute-t-il, je suis seul avec moi-même; et si je viens à publier mes pensées, j'effacerai ce paragraphe, ou je ne l'effacerai pas. „ Notre avis est qu'il eût beaucoup mieux fait de l'effacer.

Quelles sont donc ces dimensions prodigieuses que d'autres dimensions humaines ne peuvent atteindre? Quel est ce Géant auprès de qui tous les hommes sont des Pigmées, et qui *pour sa plus grande aisance*, pour n'être pas forcé de se fatiguer à regarder toujours en bas et à ses pieds, a besoin qu'ils soient, *faute de mieux*, ou perchés sur des échasses, ou pompeusement empanachés? Ceux qui ont pu, sans se disloquer les vertèbres, ou, pour parler comme lui, sans placer à pic le télescope, l'envisager quelquefois, le reconnaîtront-ils à ces traits ? Mais, pour quitter enfin ces figures étranges, et toute cette confusion du phisique avec le moral, de décorations extérieures avec les qualités de l'ame, de titres, de cordons et de plaques avec le génie et les vertus, quel est, demanderons-nous, cet Etranger qui vint en France chercher la fortune et la renommée, qui les fit servir mutuellement l'une à l'autre, et peut-être les dut toutes deux à un être qui n'était pas lui; qui fit des richesses et du bruit littéraire le marche-pied de son ambition; qui, parvenu au comble, s'entoura de grandes circonstances, crut les maîtriser, se trompa, tomba......, et ne peut pardonner à la France cette chûte qui ne fut que la suite de son erreur ?

Les Français, las de servir des Rois, veulent être hommes, et se donner une Constitution libre; lui, se met en tête qu'il faut que ce soit la Constitution britannique; et c'est vers ce but que, de son propre aveu, se dirigent *ses premières et ses dernières pensées*, et que par conséquent se dirigent aussi son influence et ses premiers comme ses derniers efforts.

Les Français, après avoir essayé d'agencer

ensemble la Liberté et la Royauté, rénoncent à cette combinaison impossible; ils veulent une Constitution républicaine; lui, obstiné dans son anglicisme, mais prenant un détour, vient leur parler *du Pouvoir exécutif dans les grands Etats* et veut que ce Pouvoir soit ce qu'il a rêvé qu'un tel pouvoir doit être : il tiraille en ce sens l'opinion, et, protestant toujours de sa nullité politique, il veut attirer sur lui les regards, et peut-être les vœux d'un parti nombreux, ennemi de la Liberté.

Les Français sont agités, tourmentés, bouleversés pendant deux années par le jeu naturel des passions et des intérêts dans une Révolution totale, mais sur-tout par l'effet des largesses et des suggestions de l'étranger, répandues avec profusion pour tout troubler, tout renverser en France, pour détruire les Français par les Français, les Républicains au nom de la République, et la Liberté par les excès de la Liberté même. Enfin, ils surgissent au port; ils jettent l'ancre: cette ancre presque miraculeusement forgée au milieu de la tourmente et du bruissement des flots, c'est une Constitution sagement républicaine, où l'on voit un Gouvernement fort sans tyrannie, une représentation égale et populaire; par-tout la démocratie, mais contenue dans de justes limites, par-tout l'autorité des fonctions appuyée sur leur importance, sur les vertus et la capacité des fonctionnaires, non sur leur naissance ou leurs titres; par-tout une véritable harmonie sociale, par-tout la sainte Egalité. Cette Constitution, en activité depuis trois demi-années seulement, a déjà pris son assiète: les rouages de la machine ont un jeu régulier; des obstacles intérieurs de tout genre s'efforcent de l'entraver; le Gouvernement les renverse ou les neutralise : au dehors l'éclat inoui des armes est son seul mode de négociation pour la paix.

Mais au milieu de ces succès divers, la grande épreuve de la Constitution approche; les Assemblées primaires vont se réunir; le Printems de l'année qui renouvelle tous les êtres de la Nature, amène aussi le renouvellement de toutes les autorités de la République : comme la Nature, la Constitution a son Printems. Alors, les partis se réveillent, les factions fermentent; elles s'arment; elles sont en présence de l'intérêt national. Le parti des Rois, l'ennemi naturel des peuples, s'agite, se concerte, ourdit une grande trame. Les Sociétés populaires sont proscrites, mais les associations royalistes ne le sont pas ; de toutes parts il s'en forme de secrètes, plus dangereuses cent fois que les plus bruyantes jacobinières; les arrondissemens sont tracés ; la correspondance y est active; les candidats y sont balottés par un scrutin de nouvelle espèce; les plus anti-républicains ont la plus grande majorité : avant la réunion des Assemblées, les nominations sont faites : les principaux agens de cette vaste conjuration sont arrêtés ; ils l'avouent, ils la dévoilent presqu'entière, et le glaive de la loi les respecte ; et la conjuration, mise pour ainsi dire à nu, ne rabat point de son activité : *les entrepreneurs sont détenus*, écrit-on ; *mais de l'or, vîte de l'or, et la manufacture ira toujours.* L'or anglais, celui des emigrés, qui tout misérables qu'ils sont, en trouvent toujours pour mal faire, est prodigué : Blanckenbourgh triomphe d'avoir suivi les conseils du sage Brottier et du vertueux Lavilleurnois : l'Angleterre, les émigrés, Louis XVIII, auront leurs Représentans. Une nuée d'écrivains mercenaires, de journalistes éhontés, reçoit chaque jour, avec sa paye, le mot d'ordre d'un directeur central ; les patriotes les plus purs sont déchirés, les principes attaqués de front; le Gouvernement traîné dans la fange ; la cause des Rois hautement plaidée ;

l'opinion publique plus corrompue, plus égarée que jamais.

C'est parmi ces libelles éphémères, mais qui, s'ils ne durent qu'un jour, sont remplacés le lendemain par d'autres libelles plus absurdes, plus calomnieux et plus vils encore; c'est au milieu de ce débordement contre-révolutionnaire ; à l'approche des élections, à l'appui des mesures prises de loin pour y verser à flots les influences royalistes, que cet étranger, que M. Necker fait paraître un ouvrage à qui son nom, le sujet qu'il traite, les passions qu'il flatte, le nombre même et la masse des volumes, assurent une autre destinée, et sinon de plus honorables, au moins de plus durables succès.

Lisez ce livre, rappelez-vous l'époque et les circonstances de sa publication, vous n'aurez pas besoin de demander quel but s'est proposé l'Auteur : c'est toujours à sa chère Constitution anglaise qu'il voudrait soumettre les Français : ce furent là *ses premières*, ce sont *ses dernières pensées* : il voulut y pousser la Monarchie ; il veut y ramener la République. Imprudent ! Il ne voit pas que ni les Républicains, ni les Royalistes, ne voudront le prendre pour guide : il ne voit pas que les suppôts de la Monarchie s'armeront bien contre la République de tout ce qui dans son livre est contraire à la Constitution républicaine, mais qu'ils ne voudront pas pour cela s'arrêter aux bornes qu'il prétend leur prescrire. Il servira leurs odieuses passions, et ne fera rien pour l'objet de la sienne ; et quand la lutte entre le Génie du bien et celui du mal sera finie, son nom se trouvera de nouveau, sans profit comme sans gloire, inscrit sur la liste, hélas ! trop nombreuse, des soutiens du mauvais Principe.

Oui, l'on voudrait en vain le dissimuler et se le cacher à soi-même, de nouveaux chocs, de nouveaux combats se préparent. Après tant d'agitations et de souffrances, quand on pouvait se reposer enfin à l'abri d'une Constitution tutrice des libertés et des propriétés ; quand les amis de la raison et de l'humanité respiraient, après tant de démence et de barbaries, voilà que d'autres fous et d'autres barbares, des ames corrompues et vénales, des cœurs inaccessibles à tout sentiment généreux, des esprits bornés et brouillons, remettent en de nouveaux périls les intérêts de l'humanité, les progrès de la raison, la paix, la tranquillité, la fortune publiques. La Philosophie toujours calomniée, mais toujours patiemment appliquée à son œuvre, tâchait de relever la morale publique, et de l'asseoir enfin sur des bases moins fragiles, qui ne fussent plus à la merci de la Constitution civile des Jansénistes, ni de l'Athéïsme persécuteur de Chaumette : aux maux divers dont les Religions positives ont toujours affligé la malheureuse espèce humaine, voyant se joindre les suites des efforts constans du Papisme en faveur de la Royauté, elle s'occupait avec ardeur de soustraire à ces deux fléaux réunis l'opinion flottante du peuple; et voilà que de faux convertis, des apôtres sans croyance, élèvent en faveur des Superstitions, instrumens du Despotisme, les uns une voix novice et profane jusqu'à ce jour, les autres une voix que ces Superstitions même et le Despotisme leur complice, avaient jadis à redouter : ils impriment à l'esprit humain un mouvement rétrograde, et cherchent à le replonger dans le chaos des erreurs politiques et religieuses. Ils injurient et proscrivent la Philosophie : ils forment contre elle un concert de malédictions ridicules, et la persécutent en lui imputant de stupides persécutions, comme ils persécutent la Liberté et l'Egalité en leur imputant les crimes de la Tyrannie. Dût la machine politique, ébranlée déjà par tant de secousses, éclater enfin de toutes parts, se briser et se dissoudre à la secousse nouvelle qu'ils préparent ; dussent de nouveaux torrens de sang inonder notre patrie infortunée, il leur faut des prêtres fanatiques, il leur faut tout le ramas des vieilles erreurs, il leur faut la destruction du peu qui reste d'institutions Républicaines ; il leur faut dans toute leur pompe, avec tout leur honteux cortège, avec toutes leurs vengeances, le Sacerdoce et la Royauté !

Et c'est dans leurs rangs, c'est parmi leur bande aveugle et mercenaire que M. Necker ne rougit pas de se mêler, de se confondre ! Ah ! quelle que soit l'issue des événemens qui nous menacent, et de l'orage qui grossit tous les jours, ce ne sera point, n'en fesons aucun doute, dans ce parti auquel M. Necker prostitue son talent et son nom, que sera le véritable honneur, que sera la solide gloire ? Eh ! quelle ame noble et républicaine ne préférerait, même à l'entrée triomphale de Monk, l'honorable échafaud de Sydney ? Voyez quels divers sentimens réveillent encore ces deux noms ! Telle sera dans tous les siècles, et même en supposant les succès de la Tyrannie, la destinée du nom des hommes qui auront ou servi ou trahi la cause sacrée de la Liberté.

Mais elle n'est pas perdue, elle est loin d'être désespérée cette cause sainte et sublime. Il est encore un grand nombre de ces républicains vertueux, mais énergiques, et sans peur comme sans tache, qui..... nous ne parlons pas de nos intrépides Armées ; elles seraient la dernière et terrible ressource de la Liberté ; mais qui dans les départemens, dans toutes les communes, dans Paris, dans les deux Conseils, sauront la défendre par leur fermeté, par la force et l'irrésistible ascendant de la raison, de la justice, de l'intérêt commun, et s'il le faut enfin..... Ah ! loin de nous ces extrémités funestes, loin ces tragiques événemens, loin, bien loin ces sanglantes victoires ! Même en couronnant le parti de la République (et le sort en est jeté dans les destinées du monde, ce sera toujours lui que couronnera la victoire) elles affligeraient, elles déchireraient l'ame des républicains, et ne réjouiraient que les ennemis de la France, toujours contens, quoiqu'il arrive, dès que leurs manœuvres perfides ont fait couler le sang français.

Quoiqu'il en soit, l'état des choses n'est plus douteux, l'évidence a frappé les esprits les plus aveugles : elle a ouvert les yeux les plus obstinément fermés. Les partis sont en présence, le vœu de chacun d'eux est bien prononcé; la liste des champions se forme des deux parts. Plaignons un homme tel que M. Necker; plaignons quelques autres encore d'avoir choisi la liste honteuse. Hâtons-nous de nous inscrire sur la liste d'honneur, sur celle des défenseurs de la Liberté, dût-elle être un jour celle de ses martyrs.

GINGUENÉ.

www.ingramcontent.com/pod-product-compliance
Ingram Content Group UK Ltd.
Pitfield, Milton Keynes, MK11 3LW, UK
UKHW020931180726
13838UKWH00002B/884

9 782329 426082